AF288625

Britta Kienle

Kipperkarten
leicht erlernbar

Kompaktkurs
in vier Schritten
zum erfolgreichen Kartenlegen

Herstellung:
Books on Demand GmbH, Norderstedt

ISBN: 978-3-936568-18-9
©2009 by Britta Kienle
www.brika-verlag.de
Brigitte Kienle

Liebe Leserin, lieber Leser,
das vorliegende Lehrbuch bietet Ihnen einen Leitfaden für den professionellen
Umgang mit Karten.
Jeder Mensch ist ein Individuum. Dies bedeutet unter anderem, dass jede/r
Kartenleger/in im Laufe der Zeit sein oder ihr persönliches System entwickeln
wird. So gibt es kein allgemein gültiges Rezept, wie oder womit Sie Ihre
Beratungen durchführen können.
Daher kann seitens des Verlages oder der Autorin für sich eventuell ergebende
Fehlinterpretationen oder Fehlberatungen   seitens der Leserschaft keine
Verantwortung übernommen werden.

Bei Interesse an Seminaren und Fernkursen

Online Kurs - Kartenlegen lernen mit Britta
Madame Lenormand
Per Telefon oder über Skype

Anfänger und Fortgeschrittene

Hilfestellung beim
Interpretieren und
Deuten Ihrer Kartenbilder

Fernkurs oder Seminare
Kipperkarten
Zigeunerkarten
Tarot

Brittas Kartenlegeforum
Lernhilfen und Lernspiele
www.kartenlegekurse.de

Persönliche Beratungen und Seminare
nach Terminabsprache
Iwww.kartenlegekurse.de
Tel: 0711 316 7200

Sofortiges Kartenlegen
0900 57 66 20 400 – Euro 1,49/min v. d. Festnetz
ggf. abweichende Preise aus Mobilfunknetzen
Stand 2008

Inhalt:

 Vorwort

Das Kartenlegen ist eine seit Jahrhunderten von Generation zu Generation überlieferte Tradition, die heute aus unserem Alltag nicht mehr wegzudenken ist. Immer mehr Menschen suchen in dieser Kunst

Rat und Hilfe für Ihr Leben.

Durch die von den Karten vermittelten Erkenntnisse werden Sie Ihren Weg finden und weitere Hinweise darauf erhalten, wie Sie diesen am besten gehen können.

Nehmen Sie Ihre Karten und damit auch Ihr Schicksal selbst in die Hand.

Bemerkung

Immer wieder wurde ich darauf angesprochen, ob ich denn nicht auch weitere Kartensysteme in mein Kursprogramm oder meine Lehrwerke mit aufnehmen könne.

Die Karten der Madame Lenormand, bisher mein Hauptlegesystem, hatten so viel Anklang gefunden, dass sich Kunden aus aller Welt damit beschäftigt und großes Interesse am Thema Kartenlegen entwickelt hatten.

So kam es, dass ich immer häufiger gebeten wurde, mein Repertoire zu erweitern und das Angebot an Legesystemen zu vergrößern.

Nach reiflichem Überlegen habe ich mich schließlich dazu entschlossen, diesem Wunsch nachzugeben und ein Buch über die so genannten Kipperkarten zu verfassen.

Kipperkarten ähneln den ebenfalls weit verbreiteten Zigeuner-karten.

Ihren Namen haben sie vermutlich von den im Mittelalter überall ansässigen „Kippern", einer Gruppe von Gauklern und Münzfälschern, die das Gewicht der Gold- und Silbermünzen mit Hilfe einer Kippwaage bestimmten.

Daraufhin wurden die Münzen entweder am Rand beschnitten, so dass jeweils ein kleiner Anteil Edelmetall für die Kipper abfiel, oder aber sie wurden eingeschmolzen, ein Teil des Goldes wurde abgegossen und durch Blei ersetzt, und man goss neue Münzen aus der verfälschten Metallmasse.

Heutzutage sind Kipperkartenleger natürlich keine Gauner mehr, doch die Karten und die Vorstellung, einmal einen Blick in die Zukunft werfen zu können, haben bis heute nichts von ihrer Faszination verloren.

Nun wünsche ich Ihnen viel Spaß und Erfolg mit dem vorliegenden Band.

Ihre Britta

Karten verstehen und deuten lernen

1. Die Bedeutung der einzelnen Karten:
Der Wichtigste Punkt beim Kartenlegen besteht darin, sich sowohl auf die gestellte Frage, als auch auf die gezogenen Karten zu konzentrieren und dabei die Bedeutung jeder Karte gut in sich aufzunehmen und wirken zu lassen.

Dies erreichen Sie am einfachsten durch regelmäßiges Üben.
Üben Sie daher nach Möglichkeit täglich 15 Minuten mit Ihren Karten. Sprechen Sie deren Bedeutung ruhig laut vor sich hin. Niemand wird Sie hören und Sie lernen Ihre Karten dabei umso schneller kennen und begreifen.

2. Das Deuten der Karten:
Um Ihnen diesen wichtigen und spannenden Schritt zu erleichtern, wollen wir uns langsam, Schritt für Schritt in dieses Gebiet vorwagen.

3. Die Intuition:
Zu Beginn des Übens mag es für einige von uns recht schwierig sein, unsere Intuition walten zu lassen und unserem Bauchgefühl zu vertrauen.
Diese Fähigkeit haben wir jedoch alle bereits von Natur aus mitbekommen und brauchen sie lediglich wieder zu aktivieren.

In unserer heutigen schnelllebigen Zeit haben wir Menschen den Kontakt zu unserem Unterbewusstsein jedoch häufig verloren!

Machen Sie sich also keine Sorgen, wenn Sie zunächst glauben, nichts in einem Kartenbild erkennen zu können.

Es mag ein wenig dauern, den Kontakt zu Ihrer Inneren Stimme wieder herzustellen und wieder zu lernen, auf Ihre Gefühle zu hören.

Dieser Sinn ist uns in unserem technisierten modernen Alltag nur leider allzu oft „abtrainiert" worden.

Uns wurde so oft beigebracht, alles um uns herum nur rationell, also rein mit dem Verstand zu betrachten, dass wir mittlerweile oft Schwierigkeiten damit haben, zu erkennen, was unsere Gefühle uns mitteilen wollen.

- Lernen Sie, langsam wieder auf Ihre Gefühle zu achten.
- Hören Sie auf Ihre Innere Stimme!
- Akzeptieren Sie, wenn Sie an manchen Tagen nicht so viel erkennen oder weniger gut interpretieren können.
  Dies ist ganz normal. Ihr Körper teilt Ihnen vielleicht lediglich mit, dass Sie eine kleine Pause benötigen.
- Erzwingen Sie also nichts.

Üben Sie trotzdem!

Bedeutungen der Kipperkarten

1 Hauptperson (Mann)   Fragender, Ehemann oder
                                   Partner von Nr. 2 (Frau)

Wichtiger Hinweis:
Sie leben derzeit nicht in einer Partnerschaft?
Bei dieser und der nachfolgenden Karte kann es
sich auch um einen zukünftigen oder aber einen
früheren Partner handeln, der noch immer eine
große Rolle in unserem Gefühlsleben spielt.
Übrigens spielt es keine Rolle, ob Sie in einer
hetero- oder einer homosexuellen Partnerschaft
leben. Sind Sie als Frager ein Mann, so ist Ihre
Karte die Nr. 1, sind Sie eine Frau, so bezieht
sich die Nr. 2, Frau, auf Ihre Person.
Die jeweils andere Karte bezieht sich auf Ihren
Partner oder Ihre Partnerin.

2 Hauptperson (Frau)   Fragende, Ehefrau oder
                                   Partnerin von Nr. 1 (Mann)

3 Ehestandskarte   Ehe, Partnerschaft, Verbindung,
                                   Vertrag

4 Zusammenkunft   Nachricht, Gespräche, Kontakte

5 Guter Herr

Vater, Großvater, Onkel, älterer Mann, Arbeitskollege, Seelenverwandter; je nachdem, wie man mittlerweile zueinander steht: Ex-Mann, Freund, möglicherweise auch Geliebter

6 Gute Dame

Großmutter, Tante, ältere Frau oder Freundin, Arbeitskollegin, Seelenverwandte; je nachdem, wie man mittlerweile zueinander steht: Ex-Frau, Freundin, oder Geliebte

7 Angenehmer Brief

Schneller Kontakt ist unterwegs. schriftlicher Kontakt, (Post, Verträge), Telefon, Fax, E-Mail, SMS, oberflächlich, kurzlebig

8 Falsche Person

Vorsicht vor betrügerischer Person! Hinterlist, Betrug, Lüge; Vorsicht auch vor schnellen, unüberlegten Kontakten und zu viel oder zu schnell entgegengebrachtem Vertrauen.

9 Eine Veränderung

Anerkennung, Veränderung, Wandlung

10 Eine Reise

Es kommt etwas ins Rollen/ in Bewegung; kleine Reise, Nachbarstadt, innerhalb des Landes

11 Viel Geld gewinnen   kleines Glück,
                                   glücklicher Ausgang

12 Reiches Mädchen   Kind, Tochter, Arbeitskollegin,
                                   junge Frau, Freundin, Geliebte,
                                   Kollegin

13 Reicher guter Herr   Kind, Sohn, Bruder, Freund,
                                   junger Mann, Liebhaber, Kollege

14 Traurige Nachricht   Kummer, Sehnsucht, Trauer,
                                   Tränen

15 Guter Ausgang in der Liebe
                                   Liebe, Herzlichkeit,
                                   Positiver Ausgang einer Sache

16 Seine Gedanken   Undurchschaubare Gedanken,
                                   Undurchsichtigkeiten, Undurch-
                                   schaubarkeiten, Unklarheiten,
                                   Grübeleien

17 Geschenk bekommen   Überraschung, Ereignis,
                                   Geschenk, Anregung, Feier
                                   Einladung, das große Glück

18 Ein kleines Kind   Neuanfang in allen Bereichen
                                   des Lebens, Geburt, Erneuerung,
                                   Kindlichkeit, Naivität

19 Ein Todesfall Krankheit, Stillstand, Tod,
Ende einer Ära, Beziehung etc.
(etwas, das für den
Fragenden gestorben ist)

20 Haus *Ein Zeitraum von 9 Monaten,*
Sicherheit, Familie, Abstammung,
Heimat; etwas, das man mit
Sicherheit erleben wird, Stabilität

21 Wohnzimmer häuslicher Bereich, Umgebung,
Privatsphäre, Familieleben,
Geborgenheit

22 Militärperson Etwas wird in Bewegung gebracht.
Kraft, Arbeit, Handwerk, Tatkraft,
Aktivitäten; handeln, Ausführung

23 Gericht Öffentlichkeit,
Menschenansammlung,
Ämter, Behörden

24 Diebstahl **Vorsicht:** Verlust, Ängste,
Unzulänglichkeit, Machtlosigkeit;
man fühlt sich um etwas
konkretes, oder auch um
ein Gefühl betrogen

25 Zu hohen Ehren kommen Erfolg, Ansehen, Ehre

26 Grosses Glück

Grosses Glück, Freude,
freudige Überraschung

27 Unverhofftes Geld

Finanzen, glückliche
finanzielle Wendung,
etwas für sich gewinnen

28 Erwartung

Ein Zeitraum von 3 Monaten,
Geheimnis, es ist etwas noch
nicht spruchreif, Passivität

29 Gefängnis

Gefühl der Einengung,
gefangen zu sein, Einsamkeit,
Unerbittlichkeit, Aggressivität,
Durchsetzungskraft, Rückzug

30 Gerichtsperson

Entscheidungen treffen,
nach Lösungen suchen

31 Kurze Krankheit

vorübergehend,
Hindernis, Blockade

32 Kummer und Widerwärtigkeiten

Ärger, Verdruss, Streit

33 Trübe Gedanken

kurze Zeit,
vorübergehende Mühen,
Kummer (kleiner Kummer),
Wehmut, Nostalgie

34 Arbeit, Beschäftigung   Schule, Ausbildung, Arbeit,
Firma

35 Ein langer Weg   *lange Dauer,*
weiter Weg,
Zukunft,
Ereignisse, die noch in
weiter Ferne liegen

36 Die Hoffnung, großes Wasser   *Ein Zeitraum von 2 Jahren,*
Tiefe, Länge, Ausland,
weite Reise oder weit
entfernter Ort,
Festhalten an Bekanntem,
Halt im Leben

Kurzbedeutungen der Kipperkarten

1 Mann	2 Frau	3 Ehestands karte	4 Zusammen -kunft	5 Guter Herr *über 40 Jahre*	6 Gute Dame *über 40 Jahre*	7 Angenehm er Brief *kommt schnell*	8 Falsche Person
Frager oder Partner	Fragerin oder Partnerin	Ehe Verbin- dung Verträge	Kontakt Gespräche Nachricht	Vater, Kollege Freund Ex-Mann Geliebter	Mutter Ex- Frau Geliebte Freundin Kollegin	schneller Kontakt Telefonat, Fax, SMS	Hinterlist, Lüge, Betrug

9 Eine Verände- rung	10 Reise es kommt etwas ins Rollen	11 Viel Geld gewinnen	12 Reiches Mädchen *unter 40 Jahre*	13 Reicher Guter Herr *unter 40 Jahre*	14 Traurige Nach- richt	15 Guter Aus- gang in der Liebe	16 Seine Gedanken
Verände- rung Wandlung Anerkenn- ung.	kl. Reise Nachbar- stadt innerhalb des Landes	kleines Glück glücklicher Ausgang	Kind, Freundin Junge Frau Kollegin	Sohn, Freund J. Mann Kollege	Sehn- sucht Kummer Tränen	Herzlichkeit positiver Ausgang **Liebe**	Grübeleien Unklar- heiten Undurch- schaubare Gedanken

17 Geschenk bekommen	18 Ein kleines Kind	19 Ein Todesfall	20 Das Haus *innerhalb von 9 Monaten*	21 Wohn- zimmer	22 Millitär- person	23 Gericht Öffentlich- keit,	24 Diebstahl
Über. raschung Ereignis, Feier, Geschenk, Einladung	Neuanfang Naivität Geburt, Erneuerung	Stillstand Krankheit Wandel Ende einer Ära	Sicherheit Abstamm- ung Stabilität	Häuslicher Bereich Familie Geborgen- heit	etwas in Be- wegung bringen Handeln Arbeit, Kraft Aktivität	Menschen- ansamm- lung Ämter Behörden	Verlust Ängste Macht- losigkeit

25 Zu hohen Ehren kommen	26 Grosses Glück	27 Unverhofft es Geld	28 Erwartung *Zeitraum von 3 Monaten.*	29 Gefängnis Einengung,	30 Gerichts- Person	31 Kurze Krankheit *vorüber- gehend*	32 Kummer und Widerwärti gkeiten
Erfolg Ansehen, Ehre	Grosses Glück Freude Über- raschung	Finanzen, glückliche finanzielle Wendung etwas f.sich gewinnen	Geheimnis noch nicht spruchreif Passivität	Einsamkeit Trennung Aggressiv Durch- setzung	Entscheid- ungen treffen, nach Lösung suchen	Hindernis Blockade	Ärger Verdruss Streit

		33 Trübe Gedanken *kurze Zeit*	34 Arbeit, Beschäfti- gung-	35 Ein langer Weg *dauert lange*	36 Hoffnung gr. Wasser *bis 2 Jahre*		
		vorüber- gehende Mühe oder Kummer	Arbeit Schule Ausbild- ung Firma	Ereignisse, die noch in weiter Ferne liegen	Ausland Reise, auch ins Innere, Tiefe, Länge		

Das Interpretieren lernen

Mischen Sie die Karten, legen Sie diese mit der Bildseite nach unten auf den Tisch und verteilen Sie sie mit beiden Händen.

Tageskarte

Zu Beginn Ihrer Lehrzeit empfiehlt es sich, täglich, am besten morgens, eine so genannte „Tageskarte" zu ziehen.
Hierbei handelt es sich um eine einzelne Karte, die Sie dann im Hinblick auf den kommenden Tag interpretieren können.

Das Ziehen der Tageskarte schult sowohl die Konzentration, als auch das Gefühl für die Bedeutung der Karten im Einzelnen.

Steht Ihnen beispielsweise eine große Entscheidung oder ein Rendezvous bevor, so können Sie die Bedeutung der Tageskarte nutzen, um sich von dieser hilfreiche Tipps für Ihr Vorgehen in den entsprechenden Situationen geben zu lassen.
Dies lässt sich am einfachsten mit dem Lesen eines Kurzhoroskopes für den jeweiligen Tag vergleichen.

Haben Sie an dem betreffenden Tag beispielsweise ein Vorstellungsgespräch und ziehen Sie die Karte **Nr. 18 ein kleines Kind**, so ließe sich diese folgendermaßen inter-pretieren:
Diese Karte steht für einen Neuanfang. Möglicherweise werden Sie also die begehrte Stelle erhalten und in einem neuen Betrieb zu arbeiten beginnen.
Ebenso könnte diese Karte aber auch auf eine berufliche Neuorientierung hinweisen. Möglichkeiten hierzu gibt es wie Sand am Meer:

- ➢ Man bietet Ihnen eine andere Stelle an, als ursprünglich gedacht.
- ➢ Sie beschließen, sich selbständig zu machen.
- ➢ Sie haben eine außergewöhnliche neue Geschäftsidee und tun sich mit Freunden zusammen, um diese zu verwirklichen.

Sie sehen also: Die Möglichkeiten, selbst eine einzelne Karte zu lesen und deren wahre Bedeutung zu erkennen, sind vielschichtig.

Selbstverständlich kann es ebenso vorkommen, dass Sie mit der gezogenen Karte zunächst einmal nichts anzufangen wissen. Dies ist besonders zu Beginn dieser Tätigkeit häufiger der Fall und vollkommen normal. Jeder hat einmal klein angefangen und wird sich nur allzu gut an diese Gefühle erinnern können.
Zudem sind manche Karten schon aufgrund ihrer Grund-bedeutung vielseitiger und damit auch leichter zu interpretieren als andere.

Machen Sie sich darüber also keine Sorgen

Manches wird Ihnen im Laufe des entsprechenden Tages ganz von selbst klar werden, anderes könnte selbstverständlich auch einmal länger brauchen.

Jeder Kartenleger kennt dieses Gefühl, wenn ihm oder ihr zu der einen oder anderen Karte so gar nichts einfallen will.
Legen Sie die Karte in diesem Fall einfach zur Seite und sehen Sie sie sich am Abend noch einmal an.

Oft kommt es vor, dass eine zunächst scheinbar sinnlose Karte im Nachhinein dann eben doch noch einen Sinn ergibt.

Das Ziehen einer zweiten Karte.

Nachdem Sie die erste Karte gezogen und sich mit ihrer Bedeutung vertraut gemacht haben, ziehen Sie eine zweite Karte und verfahren zunächst einmal auf dieselbe Art und Weise.

➢ Betrachten Sie auch die zweite Karte zunächst einmal für sich alleine und lassen Sie ihre Bedeutung auf sich wirken.

Erst dann suchen Sie nach einem Zusammenhang und verbinden die Bedeutungen der beiden Karten miteinander. Dies ist bereits Ihr erster Schritt von der reinen Bedeutung der Einzelkarte hin zum Interpretieren verschiedener Verbindungen oder am Ende gar ganzer Kartenbilder.

Einige Beispiele für die Verbindung
zweier Karten:

Sie haben die Karte **Nr. 3 Ehestandskarte** *(Ehe, Partnerschaft)* gezogen.

Machen Sie sich klar, was genau Sie über dieses Thema wissen wollen. Ihr Unterbewusstsein kennt Ihre Antwort bereits.

So könnten Sie sich beispielsweise fragen:
Was will mir diese Karte sagen?

> ➢ Wie sieht es momentan in meiner Ehe oder Partnerschaft aus?
> ➢ Wie fühle ich mich dabei?
> ➢ Gibt es etwas, das ich gerne ändern würde?
> ➢ Worum handelt es sich dabei genau?

Als zweite Karte ziehen Sie die **Nr.11** *Viel Geld gewinnen*.
Diese Karte bezieht sich auf die Finanzen im Allgemeinen.

Denken Sie auch hier wieder über die Bedeutung der Karte nach:

> ➢ Weshalb habe ich ausgerechnet diese Karte gezogen?
> ➢ Wie ist es um meine finanzielle Situation bestellt?
> ➢ Spielen die Finanzen derzeit eine tragende Rolle in meinem Leben?
> ➢ Wie könnte ich die Situation verbessern?

Verbinden Sie nun Ihre beiden Karten in ihrer Bedeutung mit einander:

Nr. 3 Ehestandskarte *(Ehe oder Partnerschaft)*
Nr. 11 Viel Geld gewinnen *(Finanzen)*
> ➢ *In der Partnerschaft dreht sich momentan*
> *alles um das Thema Finanzen*

Beispiel 2:

In diesem Beispiel ziehen Sie zunächst die **Karte Nr. 4 Zusammenkunft**. Diese Karte bezieht sich bekanntermaßen auf Nachrichten oder Gespräche. Es handelt sich also um eine Karte, die Kommunikation im weitesten Sinne ausdrückt.

Nun könnten Sie sich bereits ein paar Gedanken zu diesem Thema machen:

> ➢ Was bedeutet das Thema Kommunikation
> für mich?
> ➢ Bin ich ein Mensch, der das Gespräch mit seinen
> Mitmenschen sucht?
> ➢ Gelte ich im Allgemeinen als kommunikativ?
> ➢ Mache ich Konflikte lieber mit mir selbst aus?

Als zweite Karte ziehen Sie die **Nr. 24 Diebstahl**.
Diese Karte bezieht sich auf Verluste und Ängste aller Art.
Fragen Sie sich also, was Ihnen diese Karte mitteilen möchte:

> ➢ Wovor fürchte ich mich?
> ➢ Bin ich ein ängstlicher oder eher ein
> risikofreudiger Mensch?
> ➢ Halten mich meine Ängste in meinem Leben
> zurück?
> ➢ Fühle ich mich eingeengt?
> ➢ Gibt es etwas Konkretes, vor dem ich
> mich im Augenblick fürchte?
> ➢ Wie kann ich dies am besten in Angriff nehmen?

Versuchen Sie nun also diese beiden Karten miteinander zu verbinden.

Zu welchem Ergebnis kommen Sie, wenn Sie dieses Karten-paar auf sich selbst beziehen?

> ➢ Fühle ich mich in Gesprächen unterlegen oder unzulänglich?
> ➢ Fürchte ich mich davor, nieder geredet oder zu etwas überredet zu werden, was ich im Grunde meines Herzens eigentlich gar nicht will?
> ➢ Neige ich vielleicht dazu, zu schnell „ja" zu sagen, wo ich eigentlich „nein" sagen möchte, nur um einer Diskussion aus dem Weg zu gehen?

Das genaue Ergebnis dieser Kartenverbindung müssen Sie natürlich für sich selbst finden, doch Sie haben nun die Möglichkeit, das Thema direkt anzugehen und, wenn nötig, etwas an Ihrer Lage zu ändern.

Fragen Sie sich also als nächstes:

> ➢ Was kann ich nun konkret tun, um solche Gespräche zukünftig für mich zu entscheiden?
> ➢ Wie kann ich diese Gespräche besser führen und damit auch für mich zu einem glücklichen Ausgang kommen?

Kommen wir nun zu ein paar Übungen, die Ihnen helfen sollen, verschiedene Karten und deren Aussagen miteinander zu ver-binden:

Interpretieren Sie die folgenden Karten zunächst im Einzelnen und daraufhin im Zusammenhang.

Lassen Sie sich dabei von Ihrer Intuition leiten und nehmen Sie zur Sicherheit immer wieder die Übersicht mit den Bedeutungen zur Hand.

Sie können die Liste mit den Kurzbedeutungen auch neben sich auf den Tisch legen, so dass Sie während des Interpretierens immer wieder einen schnellen Blick darauf werfen können.

Fassen Sie die Aussagen nun mit ihren ganz eigenen Worten in ein oder zwei Sätzen zusammen und vergleichen Sie diese dann mit meinen Lösungsvorschlägen.
Machen Sie sich keine Gedanken, wenn Ihre Formulierung von meinem Lösungsvorschlag abweicht. Dies ist vollkommen normal.

Lediglich der Sinn der Aussagen sollte übereinstimmen. Tragen Sie Ihre ganz persönlichen Antworten in die folgenden Übungsbeispiele ein.

Nach den Übungen finden Sie *meine* Interpretationen mit *meinen* Worten als mögliche Deutung ausgedrückt.

Viel Spaß beim Üben!

Mischen Sie die Karten erneut auf dem Tisch.
Wie zuvor beschrieben ziehen Sie nun wieder mit der linken Hand zunächst eine und daraufhin noch eine zweite Karte.

Übrigens: Ziehen Sie immer mit der linken Hand, da Ihre linke Seite Ihre Herzseite und somit auch Ihre intuitive Seite ist.
So ziehen Sie beispielsweise

Nr. 18 Ein kleines Kind (Neuanfang)
Nr. 26 Grosses Glück (Grosses Glück)

Nun verbinden und interpretieren Sie das obige Kartenpaar:

....

Noch ein Beispiel:

Nr. 21 Wohnzimmer *(Häuslicher. Bereich)*
Nr. 32 Kummer und Widerwärtigkeiten *(Streit, Ärger, Verdruss)*

....

Meine eigene Interpretation:

Nr. 18 Ein kleines Kind *(Neuanfang)*
Nr. 26 Grosses Glück *(Grosses Glück)*
> ➢ *Ein bevorstehender Neuanfang wird Ihnen Glück bringen.*

Nr. 21 Wohnzimmer *(Häuslicher Bereich)*
Nr. 32 Kummer und Widerwärtigkeiten *(Streit, Ärger, Verdruss)*
> ➢ *Im häuslichen Bereich gibt es Streit.*

Nun wollten Sie wissen:

Um welches Thema dreht sich dieser Streit im häuslichen Bereich? Und wie wird er ausgehen?

Sie ziehen erneut eine Karte.
Diesmal handelt es sich um die Karte ***Nr. 11 Viel Geld gewinnen*** *(Finanzen)*

Nr. 21 Wohnzimmer *(Häuslicher Bereich)*
Nr. 32 Kummer und Widerwärtigkeiten *(Streit, Ärger, Verdruss)*
Nr. 11 Viel Geld gewinnen *(Finanzen)*
> ➢ *Im häuslichen Bereich gibt es Streit aufgrund der finanziellen Lage, in der Sie sich momentan befinden.*

Weitere Übung:

Nr. 21 Wohnzimmer *(Häuslicher Bereich)*
Nr. 32 Kummer und Widerwärtigkeiten *(Streit, Ärger, Verdruss)*
Nr. 24 Diebstahl *(Verlust, Ärger, das Gefühl, um sein Recht betrogen worden zu sein)*

Nun interpretieren Sie das obige Kartenpaar:

....

....

Meine eigene Interpretation:

Nr. 21 Wohnzimmer *(Häuslicher Bereich)*
Nr. 32 Kummer und Widerwärtigkeiten *(Streit, Ärger, Verdruss)*
Nr. 24 Diebstahl *(Verlust, Ärger, das Gefühl, um sein Recht betrogen worden zu sein)*
> ➤ *Im häuslichen Bereich gibt es Streit, durch
> den Sie sich stark beeinträchtigt fühlen.*

Diese Übungen sollten Sie täglich machen.
So lernen Sie die Bedeutung der Karten auf
spielerische Weise kennen und verstehen.

Das Einbeziehen einer weiteren Karte

Sobald Sie das System verstanden haben, das dem Interpretieren verschiedener Kartenkombinationen zugrunde liegt, können Sie sich daran machen, eine (oder später auch mehrere) weitere Karte(n) in das Thema hinein zu beziehen.

Diese Vorgehensweise kann Ihnen beispielsweise dabei helfen, eine Interpretation zu verstehen, deren Sinn Sie nicht, oder nur bedingt, auf Ihr eigenes Leben übertragen können.

Ziehen Sie in einem solchen Fall einfach eine zusätzliche Karte und versuchen Sie, den so gewonnenen zusätzlichen Aspekt auf sich wirken zu lassen.

So könnten Sie beispielsweise ziehen

Nr. 1 Hauptperson (Mann) + Nr. 9 Eine Veränderung
> *Dieser Mann wird eine Veränderung erleben.*

Zu dieser Aussage möchten Sie nun möglicherweise noch folgendes wissen:

- *Was für eine Veränderung steht bei diesem Mann denn genau an?*

Sie ziehen folglich eine zusätzliche Karte. Gehen Sie hier jedoch genauso präzise und gründlich vor, wie beim Ziehen der ersten beiden Karten.

Greifen Sie also nicht wahllos in den Stapel hinein, sondern mischen Sie die Karten erneut und formulieren Sie dabei eine

Frage, die Sie im Zusammenhang mit den beiden bereits gezogenen Karten besonders interessiert.

Nehmen wir nun einfach an, Sie zögen die Karte **Nr. 34 Arbeit, Beschäftigung.**

> ➢ *Dieser Mann wird sich **beruflich** verändern.*

Sie ziehen eine weitere Karte, weil Sie wissen wollen, ob die Veränderung ihm Glück bringen wird.

In unserem Beispiel sei dies die **Nr.26 Grosses Glück.**

> ➢ *Der Mann wird sich **beruflich** verändern.*
> *Diese Veränderung wird sich **positiv** auswirken.*

Auf diese Art und Weise können Sie später, wenn Sie geübter sind, beliebig viele weitere Karten ziehen und immer weiter- und tiefer gehende Fragen stellen.

Versuchen Sie jedoch, sich zunächst einmal auf eine oder zwei Zusatzfragen zu beschränken.

Kombinationen

Natürlich können Sie jede Karte aus Ihrem Kipperkartenset auch einzeln und für sich alleine gesehen interpretieren. Eine Verbindung der Aussage mit anderen Karten ist also nicht zwingend nötig.

Zu Beginn Ihrer Tätigkeit empfiehlt sich diese Vorgehensweise sogar, zumindest so lange, bis Sie alle Karten in ihrer Grundbedeutung gut kennen und vollständig verinnerlicht haben.

Wenn Sie sich viel und gerne mit Ihren Kipperkarten beschäftigen, werden Sie irgendwann ohnehin damit beginnen, Zusammenhänge und Verbindungen in den ausgelegten Karten zu suchen.
Dabei werden Sie dann vielleicht auch bemerken, dass bestimmte Kartenpaare immer wieder mit einander auftauchen und gemeinsam auf bestimmte Dinge hinweisen.

Wenn Sie erst fortgeschrittener sind und ganze Kartenbilder (die so genannten Tableaus) auslegen, werden diese Karten-verbindungen auch neben- oder untereinander in einem Kartenbild ausliegen.

Diese Kartenpaare bezeichnet man als *Kombinationen*.

Nachstehend möchte ich Ihnen einige der häufigsten und wichtigsten Kombinationen vorstellen.
Bereits während des Auslegens Ihres Kartenbildes werden Sie aus dem Zusammenhang der Themen untereinander erkennen, ob und inwieweit Sie die Karten nun gemeinsam, in ihrer Kombination, deuten sollen.
Prägen Sie sich die folgenden Kombinationen daher bitte gut ein.

Einige der wichtigsten Kombinationen:

Erste Karte	Zweite Karte	Bedeutung
Nr. 3 Ehestandkarte	Nr. 19 Todesfall	Scheidung
Nr. 3 Ehestandkarte	Nr. 26 Grosses Glück	Heirat oder Zusammenleben
Nr. 28 Erwartung	Nr. 3 Ehestandskarte	In der Zukunft noch eine Partnerschaft
Nr. 30 Gerichtsperson	Nr. 22 Militärperson	Gerichtsverfahren
Nr. 13 Reicher guter Herr	Nr. 23 Gericht	Anwalt
Nr. 15 Guter Ausgang in der Liebe	Nr. 32 Kummer und Widerwärtigkeiten	Liebeskummer, Beziehungsprobleme
Nr. 32 Kummer, Widerwärtigkeiten	Nr. 15 Guter Ausgang in der Liebe	Nach Enttäuschung kommt eine neue Liebe
Nr. 9 Eine Veränderung	Nr. 20 Haus	Umzug
Nr. 34 Arbeit, Beschäftigung	Nr. 7 Angenehmer Brief	Arbeitsvertrag
Nr. 31 Kurze Krankheit	Nr. 16 Seine Gedanken	Suchtgefahr, Depression
Personenkarte	Nr. 32 Kummer und Widerwärtigkeiten	streitsüchtige Person
Nr. 25 Zu hohen Ehren kommen	Nr. 22 Militärperson	übersteigertes Machtbedürfnis

Die Ziehung der Tageskarte und das Kombinieren von Einzelkarten untereinander können Ihnen bereits zu einem überraschend präzisen Blick in die Zukunft verhelfen.

Dabei stellt diese Methode lediglich eine der zahlreichen Praktiken dar, mit Hilfe der Kipperkarten sowohl die Vergangenheit, wie auch die Gegenwart und das Geschehen in der Zukunft zu analysieren.

An dieser Stelle möchte ich Ihnen daher sogleich eine weitere einfache und doch verhältnismäßig ausführliche Legeweise demonstrieren:

Das Auslegen der Karten in Kreuzform:

Eine ebenfalls sehr verbreitete Methode, mit deren Hilfe Sie interessante und hilfreiche Einblicke bekommen können, ist das Auslegen eines kleinen Kreuzes.

Diese Kartenkonstellation wird betrachtet, um ein bestimmtes Thema näher erkennen und behandeln zu können.

Durch das schnelle Auslegen von lediglich fünf Karten können Sie ein Ereignis relativ rasch, aber dennoch verhältnismäßig ausführlich betrachten.

Auch später, wenn Sie bereits mit dem großen Kartenbild, dem so genannte Grand Tableau, arbeiten, wird diese Methode zur Anwendung kommen.

Suchen Sie sich zunächst ein Thema heraus, das Sie derzeit beschäftigt und über das Sie gerne mehr erfahren möchten.

Dies könnte beispielsweise

> ➢ eine bestimmte Person (wie etwa Ihr Partner oder ein Arbeitskollege),
> ➢ die Liebe,
> ➢ die Arbeit,
> ➢ die Familie, oder auch
> ➢ Ihre augenblickliche finanzielle Lage

sein.

Die dieses Thema betreffende Karte (Siehe Bedeutung der Kipperkarten) legen Sie zunächst offen vor sich auf den Tisch.

Lassen Sie Ihren Gedanken zu dieser Angelegenheit freien Lauf und warten Sie, bis Sie sich innerlich bereit für das Einbeziehen weiterer Karten fühlen.
Ziehen Sie daraufhin vier weitere Karten aus dem Stapel und legen Sie diese in der auf der Folgeseite gezeigten Reihenfolge um die Themenkarte herum:

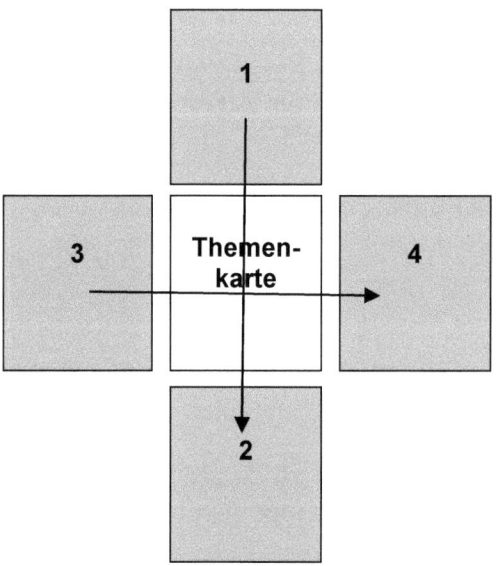

Die gelegten Karten interpretieren Sie nun in der folgenden
Art und Weise:

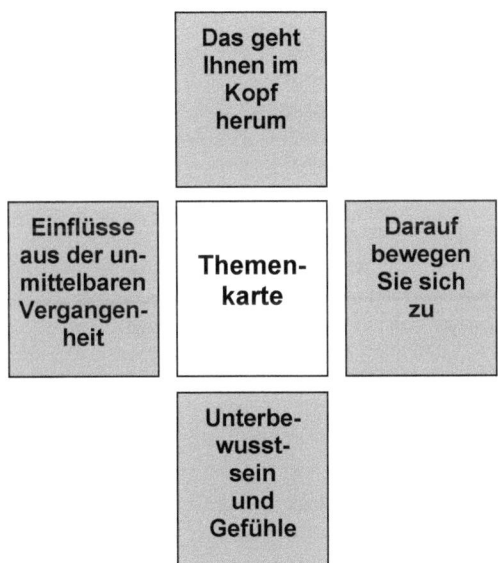

Mit dieser Methode können Sie besonders gut den momentanen Zustand einer Person oder einer Situation erkennen.

Wir wollen uns dieses anhand des folgenden Beispiels verdeutlichen:

Beispiel 1:

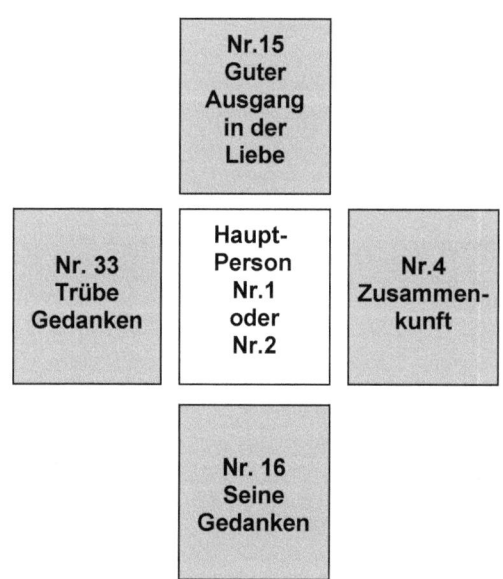

Beispiel:
Legen Sie die Karten so aus, wie in obiger Vorlage gezeigt,
so dass Sie die einzelnen Schritte gleich nachvollziehen können.

Was geht in dieser Person vor?

1. *Nr. 1* oder *Nr. 2* **in die Mitte**

2. **darüber** die *Nr. 15 Guter Ausgang in der Liebe*

3. **unterhalb** der Personenkarte die *Nr. 16 Seine Gedanken*

4. **links** von der Personenkarte die *Nr.33 trübe Gedanken*

5. **rechts** der Personenkarte die *Nr. 4 Zusammenkunft*

Meine Interpretation:

*Dieser Mann macht sich viele Gedanken über die Liebe (**Nr. 15**).*

*Er ist momentan stark verunsichert und sich seinen eigenen Gefühlen gegenüber im Unklaren (**Nr. 16**).*

*In der unmittelbaren Vergangenheit dieses Mannes gab es immer wieder kleinere Probleme und vorübergehende Mühen (**Nr. 33**).*

*Das Kartenbild weist darauf hin, dass ihm für die Zukunft nur die eine sinnvolle Möglichkeit bleibt: Er muss sich endlich mit seiner Partnerin zusammensetzen und das Thema auszudiskutieren (**Nr. 4**).*

Ein weiteres Beispiel zur Verdeutlichung:

Beispiel 2:

Das folgende Beispiel ist dem Kartenbild einer Frau entnommen, die sich viele Gedanken um ihren Sohn macht, der die Schule abgeschlossen hat und nun nach einer Lehrstelle sucht.
Aufgrund seiner Berufswahl gibt es immer wieder Streit in der Familie.

Da sich die Frage der Frau diesmal nicht um sich selbst, sondern um ihren Sohn dreht, legen wir die Karte **Nr. 13 Reicher guter Herr**, in die Mitte.

Diese Karte symbolisiert im folgenden Bild den Sohn dieser Dame.

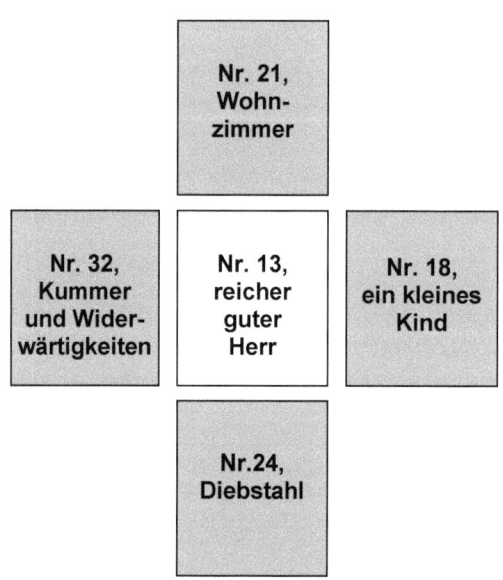

1. *Nr. 13 reicher guter Herr*, **in die Mitte.**

2. **darüber** die *Nr. 21 Wohnzimmer*

3. **unterhalb** der Personenkarte die *Nr. 23 Diebstahl*

4. **links** von der Personenkarte die *Nr. 32 Kummer und Widerwärtigkeiten*

5. **rechts** der Personenkarte die **Nr.** *18 Ein kleines Kind*

Nun interpretieren Sie:

....

....

Interpretationsmöglichkeit

Wie bereits erwähnt, symbolisiert die Karte in der Mitte den Sohn der Fragestellerin.
Daher beziehen sich alle umliegenden Karten auf dieses Thema:

*Das Leben des Sohnes wird momentan stark von den Schwierigkeiten in der Familie geprägt (**Nr. 21 Wohnzimmer** und **Nr. 32 Kummer** und **Widerwärtigkeiten**).*
*Er fühlt sich eingeengt und um seine Freiheit und sein Leben betrogen (**Nr. 24 Diebstahl**).*

Diese Schwierigkeiten *(**Nr. 32, Kummer** und **Widerwärtigkeiten**) bestanden bereits in der Vergangenheit.*
*Der Ausweg dieses jungen Mannes liegt in einem klaren Neuanfang. Er muss diese unglückliche Situation beenden und ein neues Leben beginnen (**Nr. 18 Ein kleines Kind**).*

Auch der Fragerin, in diesem Fall ist dies die Mutter, sollte man in diesem Zusammenhang raten, ihrem Sohn zu vertrauen und ihn endlich loszulassen.
Sie sollte genug Vertrauen in ihren Sohn haben, um zu wissen, dass er seinen eigenen Weg gehen muss und seine Sache gut machen wird.

Mischen und Auslegen des großen Tableaus

Im Folgenden möchte ich Ihnen eine einfache und doch umfassende Möglichkeit zeigen, anhand deren Sie ein ganzes Kartenbild auslegen und interpretieren können.

Erschrecken Sie also nicht, wenn Sie ein großes Tableau vor sich ausgelegt haben und glauben, sich in der Vielzahl der Karten nicht zurechtfinden zu können.

Das Geheimnis liegt darin, in kleinen und einfachen Schritten vorzugehen und sich dabei nicht aus der Ruhe bringen zu lassen. Diese 4 kleinen Schritte werde ich Ihnen im Folgenden aufzeigen, so dass Sie sich jederzeit an ihnen orientieren können.
Sollten Sie trotzdem einmal das Gefühl haben, den Überblick zu verlieren, so konzentrieren Sie sich ganz einfach wieder auf Ihre jeweiligen Personenkarten im Tableau und beginnen Sie erneut. Es läuft Ihnen ja nichts davon.

Sobald Sie die Bedeutung der Karten gut in sich aufgenommen und verinnerlicht haben, wird Ihnen das Interpretieren des Kartenbildes wie von selbst von der Hand gehen.

Die vier wichtigsten Schritte zur Interpretation des Tableaus sind:

1. Das Suchen der Personenkarte im Tableau.
2. Das Betrachten der ersten Karte des Kartenbildes.
3. Das Interpretieren der Hauptperson oder der wichtigen Themen.
4. Die Interpretation der vier Karten am Ende des Tableaus.

Eine kurze Bemerkung zur Bedeutung des Kartenmischens:

Es mag Ihnen zunächst vielleicht ein wenig seltsam erscheinen, Ihre Karten vor dem Auslegen des großen Kartenbildes jedes Mal mindestens sieben Mal zu mischen und das Kartenbild dann ritualartig immer mit der linken Hand auszulegen.
Möglicherweise halten Sie derartige Rituale auch für übertrieben oder unwichtig, jedoch erfüllen sie durchaus ihren Sinn:

Während des Mischens nutzen Sie die entstehende Zeit, um alles Störende neben sich auszublenden, noch einmal tief durchzuatmen, und sich voll und ganz auf die Fragestellung zu konzentrieren.

Auf diese Wiese wird Ihnen die eigentliche Frage, die Ihren Gefühlen und Problemen zugrunde liegt, viel klarer als wenn Sie ohne Plan und Ziel drauflos legen würden.

Sehen Sie diese Methode des Kartenmischens einfach als eine Art der Meditation an, in der Sie sich noch einmal entspannen können, um sich schließlich ganz und gar auf Ihre Frage zu konzentrieren.

Ähnlich einer Gebetskette gibt Ihnen das Festhalten an einer bestimmten Anzahl von Mischvorgängen eine gewisse Routine. Eine Stabilität, die Sie in Ihrer Konzentration unterstützen kann.

Abgehoben wird beim Kartenlegen grundsätzlich immer mit der linken Hand, da sich auf dieser Seite Ihr Herz und somit auch Ihr Gefühlszentrum befindet. Auch Blockaden aller Art können so viel leichter gelöst werden.

Übrigens: Wussten Sie, dass auch im traditionellen Yoga alle Übungen zunächst zur linken Seite hin ausgeführt werden?

Tipp:
Auch das Aufbewahren der Karten an einem besonderen Ort oder in einer eigens dafür vorgesehenen Schatulle ist ein schönes persönliches Ritual, das Sie bereits bei der Vorbereitung auf das Kartenlegen in die richtige Stimmung versetzen kann.

Vielleicht hilft es Ihnen zusätzlich, eine Kerze anzuzünden, oder kurz die Augen zu schließen und alle negativen Einflüsse des Tages mit einem tiefen Atemzug aus sich heraus fließen zu lassen.

Machen Sie sich auf Ihre ganz persönliche Art
und Weise innerlich bereit für das Auslegen
Ihrer Wahrsagekarten.

Mischen Sie die Kipperkarten also mindestens siebenmal und formulieren Sie während des Mischens Ihre Fragen in klarer und verständlicher Form. Versuchen Sie dabei nicht, besonders mystisch oder geheimnisvoll zu klingen, sondern stellen Sie Ihre persönliche Frage in Ihren persönlichen Worten und Ihrem persönlichen Stil.

Aus Ihrer Fragestellung sollte das, was Sie wissen möchten, klar und deutlich hervorgehen.

Tipps für Anfänger:
Stellen Sie ihre Fragen immer so einfach wie möglich.
Ebenfalls sollten Sie es vermeiden, mehrere Fragen auf einmal zu stellen, da dies zu Verwirrung führen könnte.

Suchen Sie hinterher lieber nach weiteren Themen innerhalb des von Ihnen ausgelegten Kartenbildes oder mischen Sie, ehe Sie sich überfordern, die Karten bei sehr unterschiedlichen Fragen einfach jedes Mal aufs Neue.

Legen Sie ihr Kartenbild dann für jede Frage erneut aus.

Sobald Sie über mehr Erfahrung im Kartenlegen verfügen, können Sie auf diesen Schritt verzichten und die anstehenden Fragen mit Hilfe eines einzigen Kartenbildes klären und lösen. Wann und wie diese Routine eintritt, merken Sie zum richtigen Zeitpunkt selbst am besten.

Übrigens: Sie werden sich mit Sicherheit wundern, wie zutreffend bereits Ihre ersten, noch etwas zaghaften, Versuche sein werden.
Dies ist ganz natürlich und leicht zu erklären, denn:

Ihr Unterbewusstsein weiß Ihre Antworten bereits.

Nachstehend nun einige Beispiele für mögliche Fragen:

  ➢ Was beschäftigt mich augenblicklich
     am stärksten?
  ➢ Was könnte auf mich zukommen?
  ➢ Was war in der letzten Zeit mit mir los?
  ➢ Wie sieht es mit meiner Arbeit aus?
  ➢ Wie wird es beruflich oder privat mit
     mir weitergehen?
  ➢ Wie sieht es mit meiner Ehe aus und wie kann
     ich die augenblickliche Lage verbessern?
  ➢ Kommt eine neue Liebe auf mich zu?

Tipp:
Auch wenn Ihnen tausende von Fragen unter den Nägeln brennen:
Halten Sie sich zu Beginn Ihrer Beschäftigung mit den Kipper-Karten etwas zurück und stellen Sie nicht zu viele Fragen auf einmal.

Versuchen Sie, sich zunächst einmal auf ein oder zwei Fragen pro Sitzung zu beschränken. Sie könnten Ihr Unterbewusstsein sonst eventuell überfordern.
Zudem lassen Sie sich bei zu vielen Fragen unter Umständen nicht ausreichend Zeit, all die aufgeworfenen Themenbereiche umfassend zu klären und zu erläutern.

Nachdem Sie sich bereit gemacht und Ihre Fragen formuliert haben, legen Sie im nächsten Schritt die 36 Karten wie in der Vorlage 1 gezeigt, mit der Bildseite nach oben aus:
4 Reihen zu je 8 Karten.
Dies ergibt ein Kartenbild aus 32 Karten. Die übrigen 4 Karten legen wir zunächst einmal verdeckt beiseite.

Auf diese Karten werden wir später noch zu sprechen kommen. Sie erfüllen quasi eine Sonderfunktion.

Sollte sich die Personenkarte der Hauptperson *(Nr.1 Hauptperson (Mann),* oder *Nr.2 Frau)* innerhalb dieser vier letzten Karten befinden, so haben Sie zwei Möglichkeiten:

1) Sie mischen die Karten noch einmal und legen das Kartenbild erneut aus.

2) Sie betrachten die Personenkarte als eine Art Hilfskarte, die Ihnen später zeigen wird, welches der Themen, die sich aus Ihrer Interpretation ergeben, als erstes in Angriff genommen werden muss.

In diesem Fall mischen Sie nur diese vier Karten und legen sie verdeckt auf die wichtigsten Themen im Kartenbild.

Das Problem, auf das Sie die Personenkarte legen, muss dann als erstes gelöst werden.

Hinweis:

Die Abkürzung PK steht für die Bezeichnung Personenkarte und bezieht sich auf all die Karten, die direkt für konkrete Personen stehen.

Diese Karten sind:

Nr. 1 Hauptperson (Mann)
Nr. 2 Hauptperson (Frau)
Nr. 5 Guter Herr
Nr. 6 Gute Dame
Nr. 12 Reiches Mädchen
Nr. 13 Reicher guter Herr

Tipp:

Die folgenden zwei Karten zählen zu den wichtigsten Karten des gesamten Tableaus. Sie beziehen sich direkt auf die Person für die die Karten gelegt werden, beziehungsweise auf deren Partner:

Nr. 1 Hauptperson (Mann) Diese Person sind Sie selbst (wenn Sie ein Mann sind). Legen Sie die Karten für einen anderen Mann, so bezieht sich diese Personenkarte auf ihn.

Handelt es sich bei Ihnen oder der fragenden Person um eine Frau, so bezieht sich die Karte *Mann* auf den Partner von Nr. 2.

Nr. 2 Hauptperson (Frau) Diese Person sind Sie selbst (wenn Sie eine Frau sind). Legen Sie die Karten für eine andere Frau, so bezieht sich diese Personenkarte auf sie.

Handelt es sich bei Ihnen oder der fragenden Person um einen Mann, so bezieht sich die Karte *Frau* auf die Partnerin von Nr. 1.

Die Zuordnung dieser beiden Karten richtet sich also immer danach, für wen die Karten insgesamt gelegt werden.

Übrigens:

Handelt es sich bei der Hauptperson um einen Mann, so wird dieser <u>immer</u> durch die Personenkarte *Nr.1 Mann* dargestellt.

Ebenso verhält es sich bei einer weiblichen Hauptperson: Sie wird <u>stets</u> durch die Karte *Nr. 2 Frau*, symbolisiert.

Bei dieser Zuordnung spielt es keine Rolle, ob der oder die Fragende in einer hetero- oder einer homosexuellen Partnerschaft lebt.

Der Partner oder die Partnerin wird auch in diesem Fall von der jeweils anderen Personenkarte dargestellt.

Das große Kartenbild (Tableau)

Variante 1:

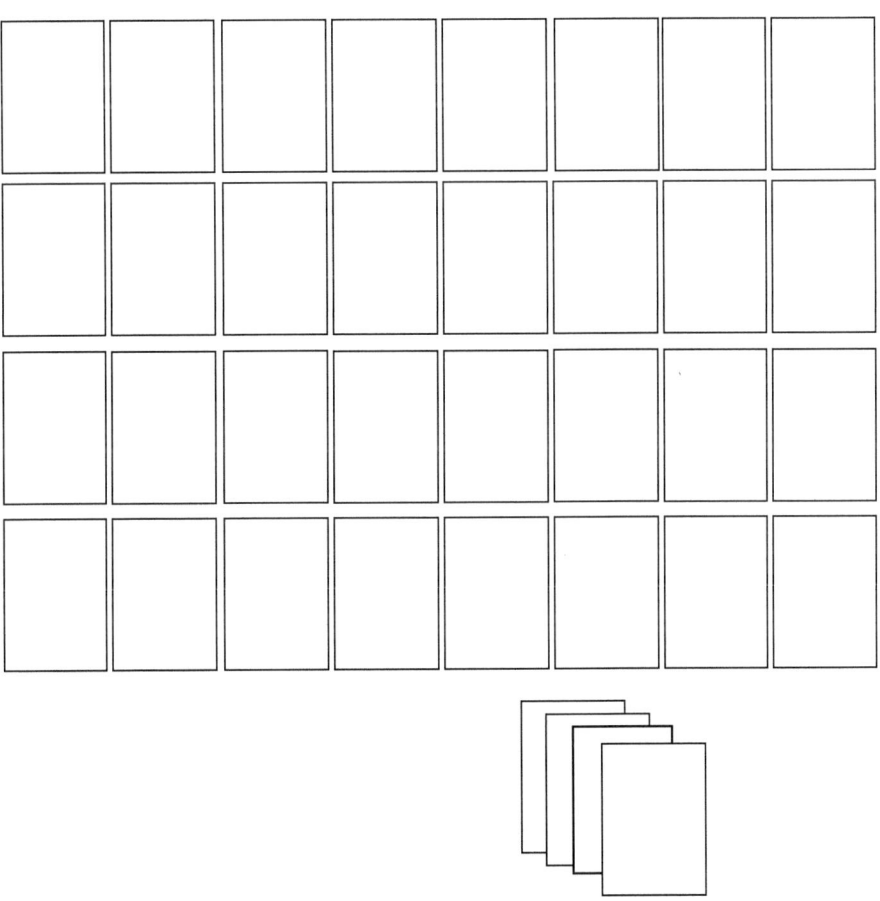

Erster Schritt

Das Suchen der Personenkarte im Tableau

Betrachten wir nun die Position der Personenkarte im Tableau!
Dies ist ganz einfach und schnell nachzuvollziehen.
→ Liegt die Fragerin oder der Frager PK **Mann Nr. 1** oder **Frau
Nr. 2** in der ersten Reihe, möglicherweise sogar als eine der
allerersten Karten des Kartenbildes, so ist diese Person
zukunftsorientiert. Sie blickt also nach vorne, hat Pläne für die
Zukunft und/oder ist gerade dabei diese Wünsche und
Vorstellungen in die Tat umzusetzen.
Diese   grundsätzliche   Ausrichtung   der   Gedanken   und
Handlungen auf die Zukunft bezieht sich ebenfalls auf alle
weitere Themen, die in diesem Kartenbild zu sehen sind.

→ Liegt die Fragerin oder der Frager **PK *Mann Nr. 1*** oder ***Frau Nr. 2*** in der vierten und somit letzten Kartenreihe, so blickt diese Peson zurück und hängt noch stark an der Vergangenheit.

Vielleicht trauert sie vergangenen Situationen oder Beziehungen hinterher oder macht sich noch immer zu viele Gedanken über längst abgeschlossene Dinge, auf die sie mittlerweile höchstwahrscheinlich keinen Einfluss mehr hat.

Da unsere Zukunft direkt von unserem augenblicklichen Handeln bestimmt und gestaltet wird, sollten wir also zunächst unsere momentane Situation in den Griff bekommen, ehe wir uns auf weitere Planungen für die Zukunft einlassen.

Das Betrachten des Kartenbildes kann uns dabei helfen, die Sachlage noch einmal von einem anderen Standpunkt aus zu betrachten und zu erkennen, wann es an der Zeit ist, die Vergangenheit hinter sich zu lassen und einen neuen mutigen Schritt in die Zukunft zu gehen.

Zweiter Schritt:

Das Betrachten der ersten Karte des Kartenbildes

Die erste Karte des Tableaus zeigt Ihnen das momentan wichtigste Thema an (z.B. Wohnzimmer, Ehestandskarte, Reise oder ähnliches).

Sie bezeichnet ebenfalls den Einfluss, unter dem alle weiteren innerhalb des Kartenbildes angezeigten Themen stehen.

Momen-tan wichtiges Thema	Weitere Informa-tionen zum Thema					
Weitere Informa-tionen zum Thema						

Die beiden Karten unter und rechts neben der ersten Themenkarte helfen uns, das aufgezeigte Thema näher zu betrachten.

Erinnern Sie sich an die zuvor genannte Interpretationsmethode und gehen Sie auch hier langsam und systematisch Schritt für Schritt vor.

Versuchen Sie zunächst einfach, die Themenkarte auf sich wirken zu lassen und ihre Bedeutung für Ihr momentanes Leben zu erkennen.

Benötigen Sie hierzu weitere Informationen, so ziehen Sie hierzu auch die beiden angrenzenden Karten heran (Siehe Vorlage).

Auf diese Weise schaffen Sie bereits einen Zusammenhang, aus dem heraus Sie das ganze Kartenbild betrachten können.

Dritter Schritt:

Das Interpretieren der Hauptperson oder der wichtigen Themen

Bei diesem bereits sehr umfassenden und informativen Schritt gehen Sie wieder nach der bereits bekannten Methode vor, die Sie in den Übungen erlernt haben.

Hierzu suchen Sie nun nach einer Personen- oder Themenkarte, die Sie besonders interessiert und betrachten diese und die vier angrenzenden Karten im Zusammenhang.

Interpretieren Sie diese Karten dann in ihren Kombinationen, so wie Sie es bereits zuvor getan haben.

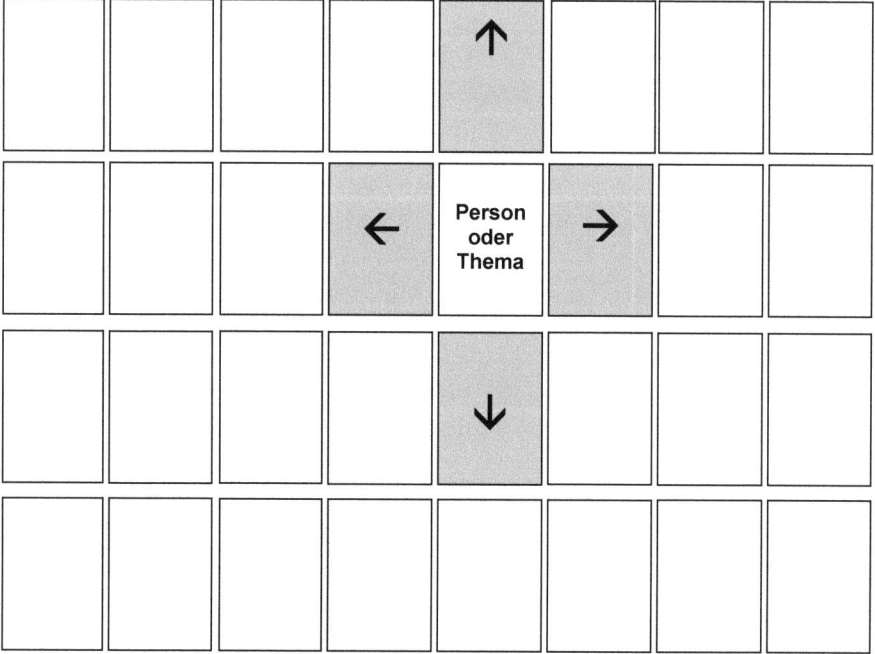

Auf diese Weise können Sie beliebig viele Themen aus einem Kartenbild herauspicken und interpretieren.

Versuchen Sie jedoch, sich zu Beginn auf einige wenige Themen zu beschränken.

Erstens besteht sonst die Gefahr, sich und sein Unterbewusstsein zu überfordern und zweitens steht Ihnen noch eine weitere Variante offen, mehr über die wichtigsten Themen zu erfahren:
Dies erreichen Sie ganz einfach durch das Abdecken der Themenkarten mit den vier übrigen Karten des Tableaus.

Da Ihnen hierzu jedoch nur diese vier Karten zur Verfügung stehen, wäre es ratsam, auch nicht mehr als vier Themen zu interpretieren.

Vierter Schritt:

Die Interpretation der vier Karten am Ende des Tableaus

Kommen wir nun endlich zu den bisher noch nicht genutzten vier Karten, die wir am Ende des Tableaus auf einem Stapel (Talon) abgelegt haben.
Diese vier Karten können wir nun als zusätzliche Informationsquellen nutzen.

Mit ihrer Hilfe erfahren wir mehr über den Ausgang eines zuvor ausgewählten und untersuchten Themas in unserem Kartenbild.
Sie können uns dabei entweder etwas zum Ausgang der Situation erzählen, oder aber aufzeigen, welche Schritte wir konkret ergreifen müssen, um zu dem gewünschten Ergebnis zu gelangen.
Hierzu nehmen wir diese vier Karten auf und mischen sie erneut.
Dabei versuchen wir wieder, alle Einflüsse um uns herum abzuschalten und uns voll und ganz auf unsere Frage zu konzentrieren.
Versuchen Sie, sich dabei ganz auf das Thema einzulassen, zu dem Sie weitere Informationen wünschen.
Sobald Sie das Gefühl haben, die Karten seien nun ausreichend oft gemischt worden, legen Sie diese verdeckt auf das Thema oder die Themen, die Ihnen besonders am Herzen liegen.

Da die erste Karte des Kartenbildes in der Regel das augenblicklich wichtigste Thema darstellt, bietet es sich an, die erste der vier Karten auch verdeckt auf diese Themenkarte zu legen.
Drehen Sie nun die Karten um und interpretieren Sie deren Bedeutung für das jeweilige Thema.

Nun werden wir diese 4 Karten anhand eines Kartenbeispieles interpretieren

Kartenbild einer Frau

Nr. 21 Wohn-zimmer	Nr. 28 Erwart-ung		Nr. 1 Haupt-Person (Mann)				Nr. 8 Falsche Person	
Nr. 29 Gefängnis		Nr. 9 Eine Verände-rung	Nr.3 Ehe-stands-Karte	Nr. 16 Seine Gedanken	Nr. 24 Diebstahl	Nr. 27 Unver-hofftes Geld	Nr. 13 Reicher guter Herr
		Nr. 14 Traurige Nachricht	Nr. 19 Todesfall				Nr. 23 Gericht	
	Nr. 30 Kurze Krankheit	Nr. 2 Haupt-Person (Frau)	Nr. 18 Ein kleines Kind					

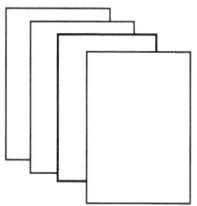

Erster Schritt

Das Suchen der Personenkarte
im Tableau

Wir haben bereits darauf hingewiesen, dass das Suchen der jeweiligen Personenkarte im großen Kartenbild einen wichtigen Schritt zum Verständnis und zur Interpretation darstellt.

Da sich dieses Kartenbild auf eine Frau bezieht, suchen wir also direkt nach der betreffenden Personenkarte; der **Nr. 2 Frau**.
In diesem Kartenbild liegt die Personenkarte der Frau in der untersten Reihe.

Daraus erkennen wir, dass sie sich viele Gedanken über längst vergangene Dinge macht, anstatt nach vorne in die Zukunft zu sehen.
Es handelt sich bei der Fragestellerin also um eine Person, die dazu neigt, in der Vergangenheit zu leben, viel nachzudenken und zu grübeln.
Derzeit scheint sie kaum Chancen für ihre Zukunft zu sehen.

Wir könnten der Hauptperson also an dieser Stelle bereits raten, sich ein wenig mehr auf das Kommende zu konzentrieren, aktiv auf die Zukunft hin zu arbeiten und ihr Leben wieder selbst in die Hand zu nehmen.

Zweiter Schritt:

Das Betrachten der ersten Karte des Kartenbildes

Wir erinnern uns:
Die erste Karte des Tableaus zeigt das Thema, das zum gegenwärtigen Zeitpunkt das Leben der Fragestellerin oder des Fragestellers beherrscht.
Alle weiteren Themen im Tableau werden daher ebenfalls von dieser Themenkarte beeinflusst.

Die erste Karte in diesem Kartenbild ist die **Nr. 21 Wohnzimmer**. Diese Karte steht für die Familie, die häusliche Umgebung und die Sicherheit dieser Frau. Wir können daher auf einen Blick erkennen, dass dieses Thema die Dame derzeit sehr stark beschäftigt.
Doch anstatt Pläne für sich und ihre Familie zu schmieden, trauert die Person eher vergangenen „glücklichen" Tagen hinterher.
Ängste und Sorgen halten Sie zurück und nehmen ihr den Mut für die Zukunft.

Vielleicht traut sie sich auch im Augenblick noch nicht zu, ihre Zukunft und ihr Leben in ihre eigenen Hände zu nehmen und die nötigen Schritte einzuleiten.
Diese Angst vor dem Unbekannten kennen wir sicher alle aus unserem eigenen Leben.

Wie wir gleich noch besser erkennen werden, ist es in diesem Fall jedoch besonders wichtig, diese Angst zu überwinden und neue Wege einzuschlagen.
Werfen wir nun also einmal einen schnellen Blick auf die umliegenden Karten:

Dritter Schritt:

Das Interpretieren der Hauptperson oder der wichtigen Themen

a) Die Hauptthemenkarte **Nr. 21 Wohnzimmer**

Gleich unterhalb der Hauptthemenkarte befindet sich die Karte **Nr. 29 Gefängnis**.

Die Hauptperson fühlt sich also tatsächlich in ihrer augenblicklichen Situation gefangen.
Sie hat das unangenehme Gefühl, festzustecken und nicht aus ihrer Haut zu können.

Ein vielleicht dringend nötiger Neubeginn scheint ihr derzeit vielleicht einfach nicht realisierbar, da sie nicht mehr daran glaubt, sich aus ihrer scheinbar ausweglosen Lage befreien zu können.
Offensichtlich hat sie sich an ihre Opferrolle gewöhnt und hält verzweifelt an dem fest, das ihr bekannt ist.
Selbst dann, wenn ihr das Altbekannte großen Kummer bereitet.

Diese Deutung wird durch die Karte, die rechts von der Personenkarte liegt, noch verstärkt:
Die **Nr. 28 Erwartung** zeigt, dass ihr die Zukunft noch vollkommen schleierhaft und geradezu erschreckend unklar erscheint. Sie weiß also noch nicht wirklich, womit sie künftig zu rechnen hat.

Was auch immer sie sich für ihr weiteres Leben vornehmen mag, im Augenblick ist noch gar nichts spruchreif.

b) Die Personenkarte **Nr. 2 Hauptperson (Frau)**

Die Position der Personenkarte im Kartenbild haben wir ja bereits angesprochen und gedeutet.

Nun wollen wir auch die an diese Personenkarte angrenzenden Karten betrachten.

Oberhalb der Personenkarte befindet sich in diesem Fall die **Nr. 14 Traurige Nachricht**.
Da auch hier zum wiederholten Mal das Motiv der Trauer und des Kummers aufgegriffen wird, können wir schließen, dass es sich bei dieser Frau tatsächlich um eine zutiefst unglückliche Person handelt. Dies ist weit mehr, als nur ein vorübergehendes Stimmungstief.
Diese Frau muss tatsächlich schnellstmöglich etwas unternehmen.
Die Trauer und die Sorge beherrschen ihre Gedanken in höchstem Maße.

Auch die Karte **Nr. 31 Kurze Krankheit**, die links der Personenkarte liegt, zeigt Hindernisse und Blockaden.
Aus dieser traurigen Gefühlslage kann sich die Frau aber nur befreien, wenn sie sich endlich ein Herz fasst und einen Neubeginn wagt.
Dies ersehen wir aus der Karte **Nr. 18 Ein kleines Kind**, die immer für einen Neubeginn oder eine Entwicklung zu etwas Neuem hin steht.

c) Die Partnerschaft, **Nr. 3 Ehestandskarte**

Auch der Partner oder Ehemann dieser Frau, **Nr.1 Hauptperson (Mann)**, macht sich vermehrt Gedanken um Ehe und Familie.

Da er selbst sich augenscheinlich nicht in dieser Zwickmühle befindet, stellt sich ihm die Situation allerdings weit klarer dar:

Wie wir aus der Karte **Nr. 19 Todesfall** unterhalb der Themenkarte erkennen können, ist diese Ehe für ihn bereits beendet und gehört der Vergangenheit an.

Er sehnt sich nach einer Veränderung (**Nr. 9 Eine Veränderung**) und möchte sich von seiner Frau daher so rasch wie möglich trennen.
Das wie und wo ist allerdings auch für ihn ein verworrenes Thema.
Dies lässt sich besonders gut anhand der Karte zur Rechten der Themenkarte erkennen. Die Karte **Nr. 16 Seine Gedanken** steht für Unklarheiten und Undurchschaubarkeit.

Dieser Mann lässt sich demnach ohnehin nicht gerne in die Karten blicken. Er macht Probleme lieber mit sich selbst aus, vermeidet Konfliktsituationen und hegt somit Geheimnisse vor seiner Frau.

Wenn wir später noch eine Zusatzkarte auf dieses Thema legen, werden wir auch erkennen, welcher Art diese Geheimnisse sind.

d) Die Finanzen: **Nr. 27 Unverhofftes Geld**

Auf den ersten Blick scheinen uns die Sorgen und Ängste der Fragerin vor der Zukunft nun berechtigt zu sein:

Sollte sie den Schritt hinaus in die Freiheit wagen und sich ein neues Leben ohne ihren Mann an ihrer Seite aufbauen wollen, so wird sie finanziell hart zu kämpfen haben.

Sowohl die Karten **Nr. 8 Falsche Person**, als auch die Karte **Nr. 24 Diebstahl**, die zur Linken der Themenkarte liegt, zeigen, dass man versuchen wird, ihre unsichere Lage auszunutzen und sie finanziell zu übervorteilen.

Diese Frau wird somit nicht umhin kommen, sich einen guten Anwalt zu nehmen (**Nr. 13 Reicher guter Herr** + **Nr. 23 Gericht** → Kombination!), der die Sache in ihrem Sinne für sie regeln kann.

Dies soll jedoch nicht heißen, dass die Lage ausweglos wäre. Hier ist nämlich das Gegenteil der Fall!

Unternimmt die Fragerin nämlich nichts und lässt die Trennung einfach so tatenlos auf sich zukommen, kann sie in weitaus größere Schwierigkeiten geraten.

Auch hier ist also wieder schnelles und überlegtes Handeln angesagt.

Vierter Schritt:

Die Interpretation der vier Karten am Ende des Tableaus

Nun können wir uns endlich den vier Karten widmen, die wir nach dem Auslegen des Tableaus zurück behalten haben.

Diese Karten werden uns weitere Einzelheiten über den Ausgang der Sache verraten.

Wie bereits erwähnt, mischen wir diese vier Karten nun noch einmal gründlich so lange, wie es uns gut und richtig erscheint, und legen sie dann verdeckt auf die jeweiligen Themen- und Personenkarten.

Als nächstes drehen wir die Karten um und beginnen mit der weiteren Deutung.

Kartenbild einer Frau

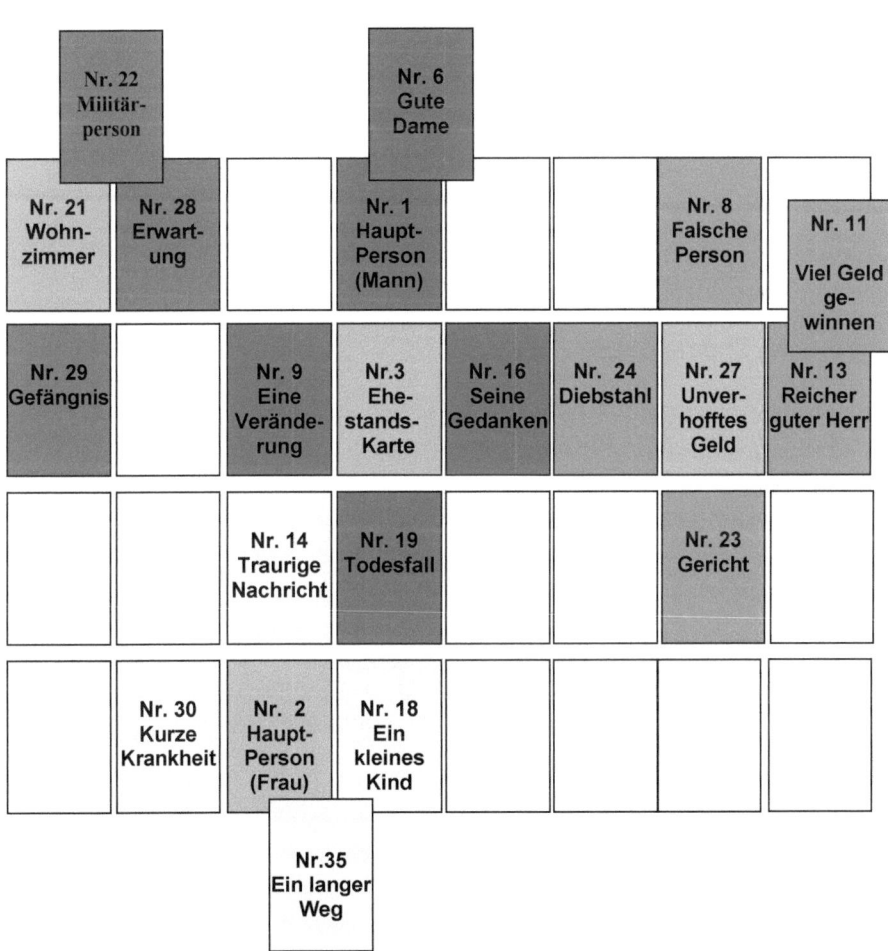

Nr. 22 Militär- person			**Nr. 6** Gute Dame				
Nr. 21 Wohn- zimmer	**Nr. 28** Erwart- ung		**Nr. 1** Haupt- Person (Mann)			**Nr. 8** Falsche Person	**Nr. 11** Viel Geld ge- winnen
Nr. 29 Gefängnis		**Nr. 9** Eine Verände- rung	**Nr.3** Ehe- stands- Karte	**Nr. 16** Seine Gedanken	**Nr. 24** Diebstahl	**Nr. 27** Unver- hofftes Geld	**Nr. 13** Reicher guter Herr
		Nr. 14 Traurige Nachricht	**Nr. 19** Todesfall			**Nr. 23** Gericht	
	Nr. 30 Kurze Krankheit	**Nr. 2** Haupt- Person (Frau)	**Nr. 18** Ein kleines Kind				
		Nr.35 Ein langer Weg					

Die Interpretation der Zusatzkarten:

Nachdem wir die vier übrig gebliebenen Karten gemischt und verdeckt auf die uns momentan besonders wichtig erscheinenden Themen gelegt haben, können wir uns der Deutung dieser zusätzlichen, weiterführenden Informationen widmen:

Die ausgelegten Zusatzkarten betreffen hier die folgenden Themen:

a)   Thema 1: Das Hauptthema (Familie)
b)   Thema 2: Die Personenkarte
c)   Thema 3: Die Partnerschaft
d)   Thema 4: Die Finanzen

Thema 1: Das Hauptthema (die Familie)

Wie bereits gezeigt, befindet sich die Fragestellerin offenbar in einer gefühlsmäßigen Notlage. Sie fühlt sich eingeengt und unterdrückt.

Wir hatten ja bereits festgestellt, dass es ihr sehr gut täte, sich aus dieser Zwangslage zu befreien und einen Schritt in eine eigenständige Zukunft zu wagen, die sie ganz nach ihren eigenen Vorstellungen gestalten kann.

In unserem Beispieltableau ist die Zusatzkarte, die wir auf dieses Thema gezogen haben, die **Nr. 22 Militärperson**.
Diese Karte bestätigt uns in unserer Annahme, dass es an der Zeit ist, die Fesseln abzustreifen, den Stier bei den Hörnern zu packen und den Schritt in ein neues, befreites Leben zu wagen.

Diese Karte steht für Kraft, Aktivität und Handeln.
Es muss also eindeutig etwas unternommen werden.

Thema 2: Die Personenkarte

Die Hauptperson leidet stark unter der vermeintlichen Ausweglosigkeit ihrer Lage.

Ihre Sorgen und Ängste halten sie derzeit noch von den dringend notwenigen Schritten ab und vermitteln ihr das Gefühl, keine Chance zu haben.

Doch wir wissen ja bereits, dass eine Trennung von ihrem Mann ansteht und sie sich somit eigentlich keinen weiteren Aufschub mehr leisten kann.

Drehen wir die Zusatzkarte, die wir direkt auf die Hauptperson **Nr. 2 Frau** gelegt haben, um, so erkennen wir die **Nr. 35 Ein langer Weg**.

Es wird also noch einige Zeit dauern, bis sie es schaffen wird, sich von ihren Ängsten zu lösen und ihren eigenen Weg zu gehen.
Und selbst dann wird es nicht einfach für sie werden.

Die Fragerin muss sich darauf einstellen, dass die unangenehme familiäre, und damit verbunden auch die finanzielle Situation, ihr Leben noch eine ganze Weile lang beeinflussen wird.

Dies muss jedoch nicht gleich heißen, dass es nicht zu schaffen wäre.

Die Dame muss sich nur daran wagen und langsam und bedächtig, Stück für Stück vorgehen. Sie wird nicht umhin können, einen Schritt nach dem anderen zu tun, bis sie ihr Ziel schließlich erreicht hat.
Auch der längste Weg beginnt schließlich immer mit dem ersten Schritt.

Thema 3: Die Partnerschaft

Fassen wir auch hier noch einmal kurz zusammen, was wir bereits über die Partnerschaft dieser Frau erfahren haben:

Die Fragerin ist nicht die einzige, die in dieser Ehe nicht mehr glücklich ist.

Auch ihr Mann fühlt sich in der häuslichen Situation nicht länger wohl und möchte die Familie verlassen.
Für ihn ist diese Sache auch bereits klar und abgehakt, noch weiter darüber mit ihm zu diskutieren wäre sinnlos.
Wir wissen allerdings auch, dass er diese Gedanken nicht an die große Glocke hängt, sondern seine Pläne im Verborgenen ausarbeitet.

Welches große Geheimnis hütet er denn nun vor seiner Frau?
Ein Blick auf die Zusatzkarte, **Nr. 6 gute Dame**, klärt uns über diese Frage auf:
Dieser Mann hat sich bereits neu verliebt. Er unterhält eine Affäre mit einer anderen Frau und plant, sich gemeinsam mit ihr ein neues Leben aufzubauen.
Ein weiteres krampfhaftes Festhalten an dieser Ehe wäre also tatsächlich zwecklos.
Auch hier ist es für die Fragerin an der Zeit, sich zu lösen.

Thema 4: Die Finanzen

Wie uns bereits bekannt ist, kommen aufgrund der bereits angesprochenen Trennung größere finanzielle Belastungen auf diese Frau zu. Sie muss große Vorsicht walten lassen, um bei der ganzen Sache nicht übervorteilt zu werden.

Andererseits muss man jedoch bedenken, dass sich jährlich tausende von Paaren trennen oder scheiden lassen, und sie alle haben dabei mit finanziellen Einbußen zu kämpfen.

Zugegeben, keine angenehme Lage, doch eine, die sich meistern lässt.
Weshalb also sollte die Fragerin es nicht ebenfalls schaffen, diesen Weg zu gehen und sich durchzubeißen?

Sofern sie den Rat der Karten, sich einen guten Anwalt zu nehmen, befolgt, kann ihr kaum etwas passieren. Viel schlimmer wäre es jedoch, wenn sie passiv bliebe und am Ende über den Tisch gezogen würde.

Ein Blick auf die Zusatzkarte zeigt, dass wir allen Grund zur Hoffnung haben: Die Karte **Nr. 11 viel Geld gewinnen** zeigt einen glücklichen Ausgang an. Die finanziellen Schwierigkeiten können also gelöst werden und der Dame auf lange Sicht sogar Vorteile bringen.
Wie auch in den vorausgehenden Fällen, können wir ihr auch hier nur raten sich aufzuraffen, sich zu lösen und etwas zu unternehmen.

Variante 2
Legung für die nächsten 6 Monate

Eine weitere interessante Möglichkeit, einen Blick in die Zukunft zu werfen, bietet die folgende Variante:

Mit Hilfe der Kipperkarten ist es uns möglich, die folgenden 6 Monate einmal einer näheren Betrachtung zu unterziehen.

Möchten wir also wissen, welche Ereignisse im Laufe dieses Zeitraumes auf uns oder die jeweilige Hauptperson zukommen, so legen wir die Karten nach dem auf der folgenden Seite dargestellten Schema aus.

Natürlich müssen wir uns auch in diesem Fall zunächst gut auf unsere Frage

> ➢ Was wird im Laufe des nächsten halben Jahres auf mich zukommen?
> ➢ Worauf muss ich in den kommenden sechs Monaten besonders achten?

konzentrieren.

Sobald wir die Frage für uns klar und deutlich gestellt haben, beginnen wir, die Karten zu mischen und auszulegen.

Hierzu legen wir wie nachfolgend gezeigt 5 Reihen zu je 6 Karten aus.

Diese Reihen können wir nun folgendermaßen deuten:

Jede *senkrechte* Reihe entspricht einem der kommenden sechs Monate, wobei die erste Reihe senkrecht jeweils dem Monat zugeordnet wird, in welchem wir uns gerade befinden.

Haben wir nun beispielsweise April, so entspricht die erste senkrechte Reihe auch dem Monat April, die zweite senkrechte Reihe dem folgenden Monate, also Mai, dann Juni, Juli, usw.

Somit können wir die Monatsreihen wie gewohnt interpretieren (Von oben nach unten).

Legung für die nächsten 6 Monate

1. Monat	2. Monat	3. Monat	4. Monat	5. Monat	6. Monat

Die Deutung der übrig gebliebenen 6 Karten

1. Methode

Sicher ist Ihnen hierbei aufgefallen, dass wir auf diese Art und Weise lediglich 30 unserer 36 zur Verfügung stehenden Karten ausgelegt haben.

> ➢ Was aber soll nun mit den übrigen 6 Karten geschehen?

Erinnern Sie sich an die erste Variante der Kartendeutung?
Das so genannte Große Kartenbild, oder Grand Tableau?

Bei dieser Legeweise behielten wir 4 Karten übrig, die zum Schluss der Lesung gesondert gedeutet wurden.

Diese Möglichkeit haben wir auch an dieser Stelle zur Verfügung. Wir können also die sechs übrigen Karten noch einmal mischen und sie dann waagrecht in einer Sechserreihe auslegen.

Nun können wir diese Karten im Zusammenhang deuten und erhalten so die Antwort darauf, worauf noch besonders zu achten wäre.

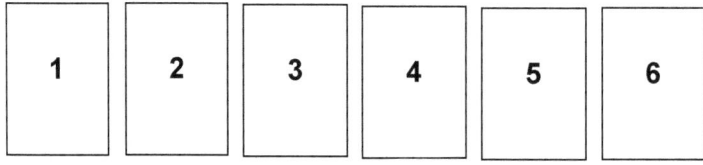

2. Methode

Bei dieser zweiten Variante nutzen wir die übrig gebliebenen Karten wieder als Zusatzkarten zu bestimmten, wichtigen Themen in unserem Kartenbild.

Wie bereits beim großen Tableau beschrieben, mischen Sie die übrigen Karten noch einmal verdeckt vor sich auf dem Tisch und ziehen daraufhin eine Karte nach der anderen, um mit ihrer Hilfe mehr über ein bestimmtes Thema in Ihrer 6-Monatslegung zu erfahren.

Ob Sie hierbei ein Thema für jeden Monat auswählen möchten, oder lieber zwei oder mehr Karten nutzen möchten, um ein einziges Thema näher zu erörtern, bleibt dabei ganz Ihnen selbst und Ihrem Gefühl überlassen.

Wählen Sie also Ihre Themen ganz Ihrer Intuition entsprechen aus und ziehen Sie dann Ihre entsprechenden Zusatzkarten.

Auf der nächsten Seite finden Sie ein Beispieltableau, bei dem jeweils eine Zusatzkarte auf sechs verschiedene Themen gezogen wurde.

1. Monat   2. Monat   3. Monat   4. Monat   5. Monat   6. Monat

Nun deuten Sie die Zusatzkarten in der auf den Seiten 57-61 beschriebenen Weise.

Weitere Legemethoden und ihre Variationen

Die Astrologische Jahres-Kartenlegung

Natürlich gibt es noch zahlreiche weitere Möglichkeiten, die Kipperkarten auszulegen und mit ihrer Unterstützung einen Blick in die Zukunft zu werfen.

Wahrsagebücher aller Art handeln unzählige Methoden und Legesysteme ab, so dass man manchmal gar nicht mehr weiß, wo einem der Kopf steht.

Als Anfänger kann man sich daher von der Vielzahl der vorgestellten Legesysteme leicht überfordert fühlen und sich dazu verleiten lassen, die Flinte allzu schnell ins Korn zu werfen.

Lassen Sie sich jedoch nicht verrückt machen. Es besteht keinerlei Notwendigkeit, Dutzende von unterschiedlichen Legesystemen zu beherrschen.

Legen Sie Ihre Karten dafür lieber nach ein oder zwei Methoden aus, die sie gut und sicher beherrschen und bei denen Sie sich sicher fühlen.
Im Laufe der Zeit entwickelt zudem jeder Kartenleger sein eigenes System, indem er seine bevorzugte Methode abwandelt und an seine eigenen Bedürfnisse anpasst.

Ich rate Ihnen daher noch einmal, zunächst bei einem oder zwei Systemen zu bleiben, die Ihrem Wesen und Ihrer Intuition entsprechen, und diese vollständig zu verinnerlichen.

Trotzdem möchte ich Ihnen hier noch ein weiteres, sehr attraktives Legesystem vorstellen, das leicht zu erlernen ist und mit viel Freude zu Anlässen wie Geburtstagen oder Neujahrsfeiern angewendet werden kann.

Die Astrologische Jahres-Kartenlegung bietet Ihnen einen kurzen Einblick in die Geschehnisse der kommenden 12 Monate.

Diese Legeweise ähnelt in der Art der Fragestellung der vorangegangenen Legung für die nächsten 6 Monate.

Das Kartenbild an sich sieht jedoch vollkommen anders aus.
Es symbolisiert mit seiner in zwölf Einzelschritte eingeteilten Kreisform quasi eine Uhr, die allerdings statt der üblichen zwölf Stunden in zwölf Monate eingeteilt wurde.

Sehen Sie sich die nachstehende *Vorlage 1* gut an und versuchen Sie, innerlich einen Bezug zu Ihrer eigenen Zukunft herzustellen.
Mischen Sie Ihre Karten dann gut und konzentrieren Sie sich dabei auf die zwölf Monate, die vor Ihnen liegen.

Was könnte innerhalb des nächsten Jahres auf Sie zukommen?

> ➤ Wie wird sich Ihre Beziehung entwickeln?
> ➤ Werden Sie innerhalb der kommenden 12 Monate beruflich vorankommen?
> ➤ Werden Sie einen neuen Partner kennen lernen?

Da Sie bei dieser Legetechnik nur 12 Karten benötigen, empfiehlt es sich hier wieder, die Karten verdeckt vor sich auf dem Tisch zu mischen. Lassen Sie dann Ihre Intuition walten und ziehen Sie der Reihe nach zwölf Karten. Legen Sie die Karten nun so aus, wie es die folgende Abbildung zeigt:

Beginnen Sie mit der Januarkarte und legen Sie die Karten entgegen des Uhrzeigersinns zu einem kreisförmigen Kartenbild aus.

Auf diese Weise erhalten Sie quasi eine „Mottokarte" für jeden Monat des Jahres.

Ist die fünfte Karte beispielsweise die **Nr. 18 Ein kleines Kind**, so wird Ihnen der Mai, ganz wie in dem bekannten Volkslied „Alles neu macht der Mai" einen Neuanfang bescheren.

Ist die siebte Karte die **Nr.1 Hauptperson (Mann)**, so könnte hingegen im Juli ein neuer Partner in Ihr Leben treten oder aber Ihr bestehender Partner hält Sie in diesem Monat besonders auf Trab.

Lassen Sie Ihrer Intuition einfach freien Lauf und suchen Sie nach Zusammenhängen mit Ihrem Leben oder dem der Hauptperson, die Rat in den Karten sucht.

Vorlage 1

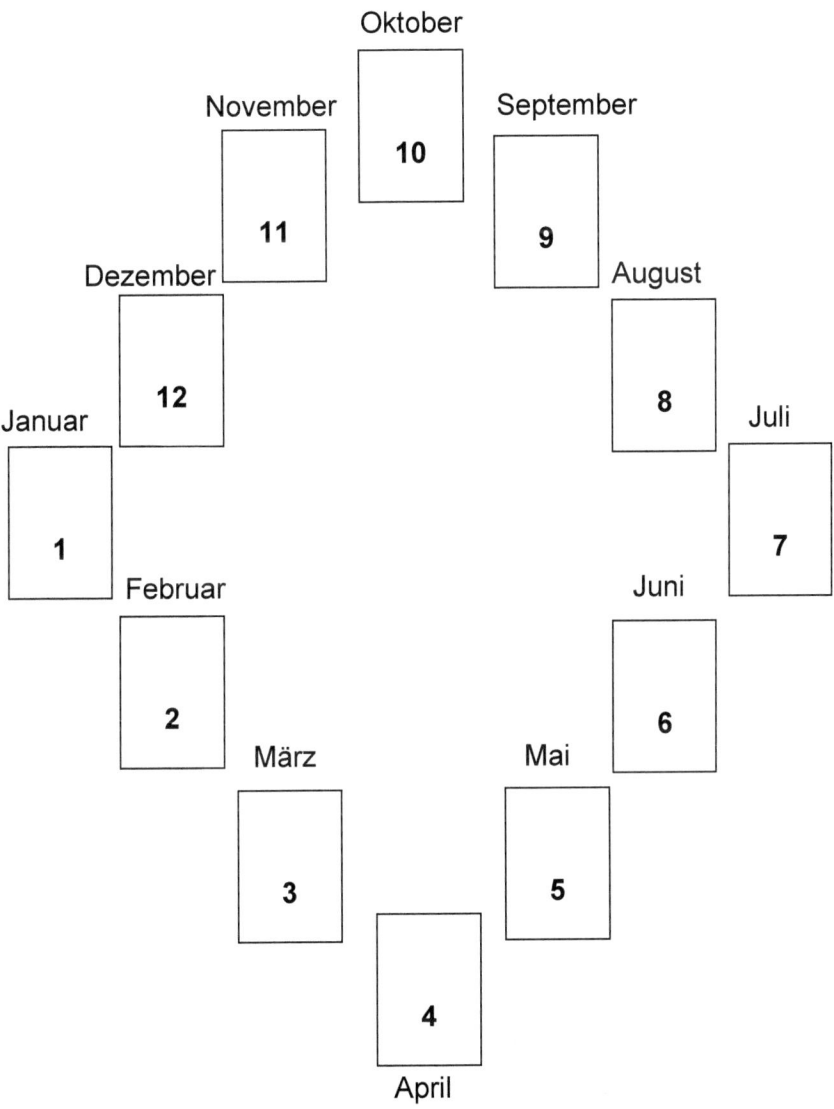

Mit Sicherheit gibt es auch in Ihrem Leben ein ganz spezielles Thema, das Ihnen im Zusammenhang mit dem kommenden Jahr besonders unter den Nägeln brennt?

Hierfür ist die Astrologische Jahres-Kartenlegung geradezu wie geschaffen!

Sie können Ihre Jahreskartenlegung nämlich auch spezifisch auf dieses eine Thema auslegen, indem Sie bereits vor Beginn des Mischens die entsprechende Themenkarte heraussuchen und diese offen vor sich auf den Tisch legen.

Legen Sie dann ganz einfach die weiteren 12 Karten entsprechend der folgenden *Vorlage 2* um diese spezielle Themenkarte herum aus.

Vorlage 2

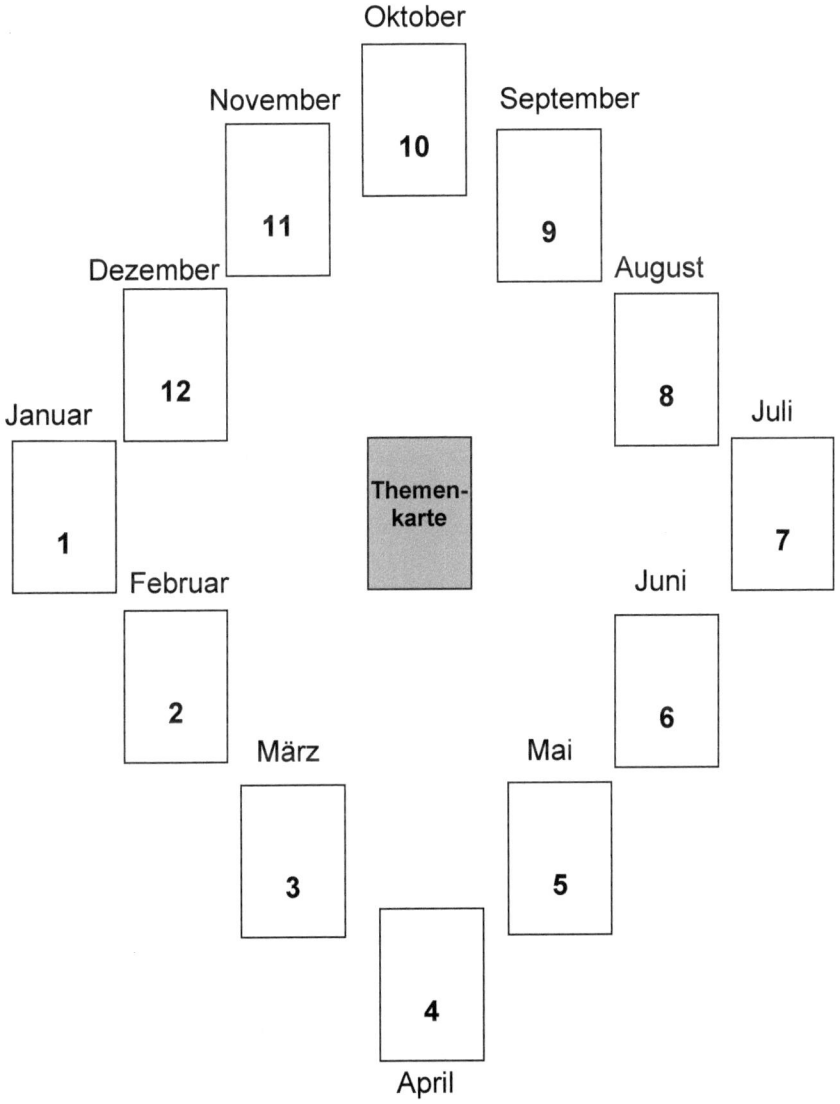

Mit Hilfe der folgenden weiteren **Vorlage 3** können Sie sogar noch ein ganzes Stück genauer auf die Geschehnisse der einzelnen Monate eingehen.

Legen Sie zunächst einmal die Astrologische Jahresuhr wie gewohnt aus.

Nun mischen Sie die übrigen Karten und ziehen jeweils eine Zusatzkarte für jeden Monat, der Sie besonders interessiert.
Sagt Ihnen die Karte für den Oktober beispielsweise eine Veränderung voraus, so können Sie zu diesem Thema eine weitere Karte ziehen und diese daneben legen.
So erhalten Sie zusätzliche Informationen darüber, welcher Art diese Veränderung wohl sein wird.

Auf diese Weise können Sie dann auch weitere Monate abdecken, Sie haben ja noch ausreichend weitere Karten zur Verfügung.

Sobald Sie sich in Ihren Deutungen sicherer fühlen, können Sie auch diese Zusatzkarte unter Zuhilfenahme einer weiteren Karte näher erläutern.

So interessant diese Art der Legung auch sein mag: Übertreiben Sie es jedoch bitte nicht. Eine oder maximal zwei Zusatzkarten pro Monat sollten ausreichen.

Für den Fall, dass Sie sich dazu entschließen, jeden einzelnen Monat mit einer zusätzlichen Karte zu erweitern, sind Ihnen irgendwann alleine durch die begrenzte Anzahl der Karten im Set die Hände gebunden.

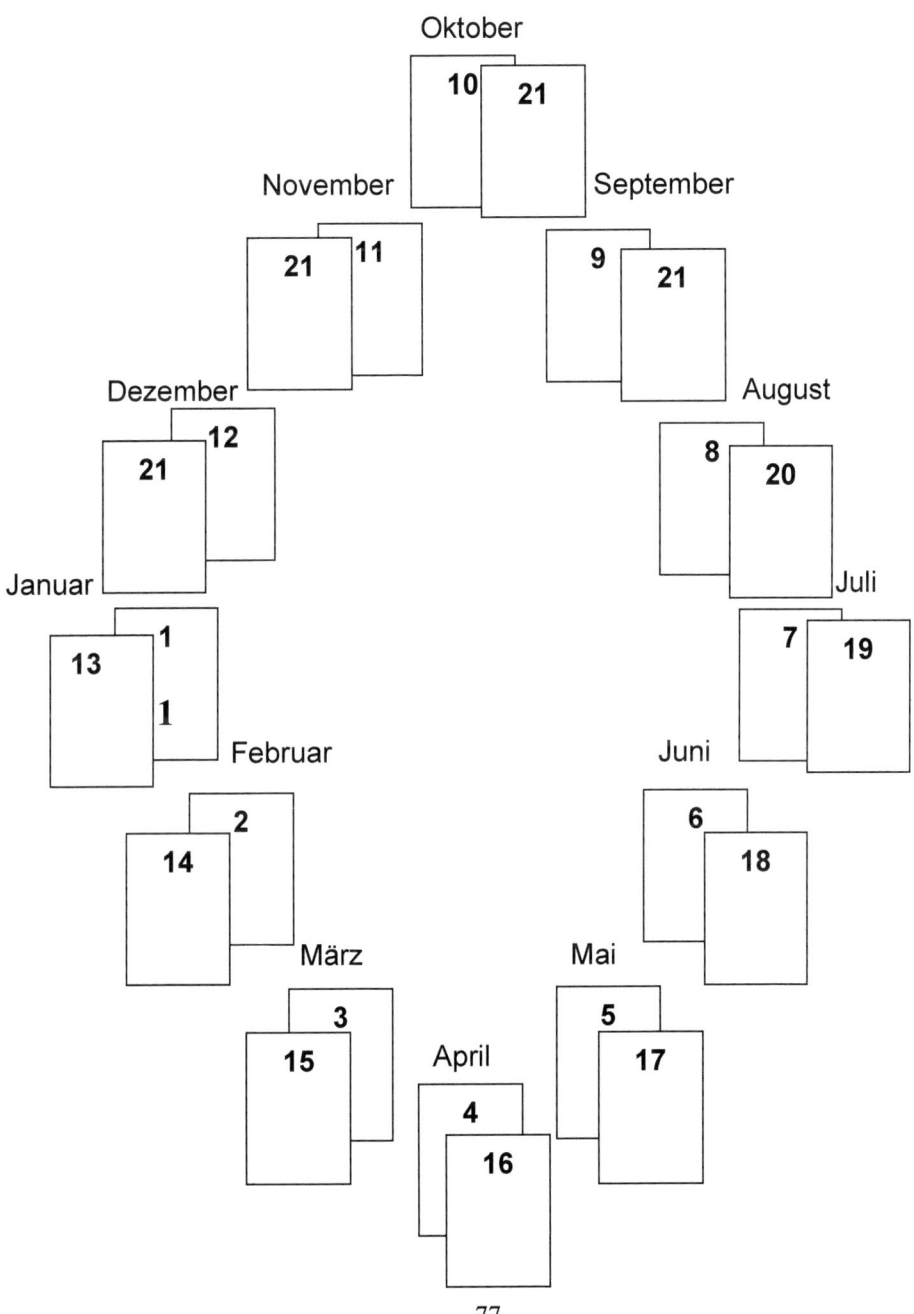

Oktober
10 21

November
21 11

September
9 21

Dezember
12
21

August
8 20

Januar
13
1
1

Juli
7 19

Februar
2
14

Juni
6 18

März
3
15

Mai
5 17

April
4
16

Kurze Frage – schnelle Antwort

eine einfache Methode, einen raschen Blick auf ein bestimmtes Thema zu werfen

Mit Hilfe der im Folgenden dargestellten Analyse gelingt es uns, ein ausgewähltes Thema ein wenig näher zu erörtern.

Am besten stellen Sie an dieser Stelle nur eine, präzise formulierte Frage und verzichten ansonsten auf weitere Einzelheiten. Für eine ausführliche Interpretation haben Sie bei dieser Legevariante einfach nicht genügend Karten zur Verfügung.

Besonders gut eignet sich diese Legung, wenn Sie sich lediglich ein paar Anregungen für den heutigen oder die folgenden paar Tage holen möchten.

Zunächst einmal machen Sie sich Gedanken darüber, über welches Thema Sie mehr wissen möchten und suchen sich die entsprechende Karte aus dem Stapel heraus. Diese legen Sie wieder offen vor sich auf den Tisch.

Nun folgt eine kurze Reihe aus drei weiteren Karten, die verdeckt gezogen werden.

Darunter legen Sie zwei weitere Karten aus, um die Antwort ein wenig zu erweitern.

Die letzte Reihe besteht aus einer einzigen Karte, welche Ihnen den möglichen Ausgang der Lage zeigt.

Mehr zu dieser letzten Karte erfahren Sie übrigens aus dem Kapitel „Zur Benutzung der Tageskarte".

Dort können Sie getrost immer wieder nachschlagen, wenn Sie sich über den Ausgang der Lage unsicher sind.

Vorlage zur Schnelllegemethode

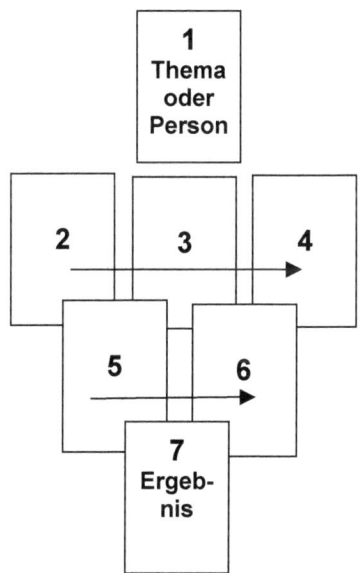

Bei dieser Legevariante würde ich Ihnen raten, sich lediglich auf die waagrechten Interpretationslinien zu konzentrieren und die übrigen Achsen in diesem Fall einmal außer Acht zu lassen.
Immerhin handelt es sich hier um eine recht schnelle und wenig ausführliche Legemethode, die wir auch nicht unnötig verkomplizieren wollen.
Die wichtigste Karte ist ohnehin die letzte Karte, die uns den Ausgang der ganzen Angelegenheit zeigen kann.

Sehr fortgeschrittene Kartenleger können, je nach Gutdünken und eigenem Ermessen, auch die Diagonalen Linien nach rechts und nach links mit einbeziehen. Dies würde ich persönlich jedoch vom Einzelfall abhängig machen.

Zur Benutzung der Tageskarte

Als eine der ersten Übungen dieses Buches haben wir gelernt, eine Tageskarte zu ziehen und diese im Bezug auf den kommenden Tag zu deuten.

Diese Art der Deutung bietet sich für einen Anfänger auf dem Gebiet des Kartenlegens geradezu an.
Doch auch für mich als erfahrene Kartenlegerin ist die Tageskarte immer wieder ein willkommener Einstieg in den neuen Tag.

Diese Übungen stellen also weit mehr dar, als nur einen schnellen und leichten Einstieg in das Kapitel der Interpretationen unserer Karten.

Sie können eine spielerische, einfache, aber zugleich auch sehr anregende und inspirierende Methode sein, den Morgen zu beginnen und sich auf die Ereignisse des erwachenden Tages vorzubereiten.

Machen Sie das Ziehen der Tageskarte zu einem festen Bestandteil Ihres Tagesablaufes und schaffen Sie sich so Ihr kleines tägliches Ritual, einen Augenblick, der nur Ihnen allein und Ihren Gedanken und Gefühlen gehört, und der Ihnen helfen wird, sich auf den kommenden Tag und seine Ereignisse einzustimmen.

Auf diese Weise haben Sie bereits Gelegenheit, Ihre Gedanken zu ordnen und sich bereits im Vorfeld auf kommende Ereignisse vorzubereiten.

Ihre Tageskarte

Nr. 1 Hauptperson (Mann)
<u>Wenn Sie ein Mann sind:</u>
Heute stehen Sie im Vordergrund.
Unternehmen Sie etwas, das Ihnen schon lange vorschwebt, oder erfüllen Sie sich einen lang gehegten Wunsch.
<u>Wenn Sie eine Frau sind:</u>
Der heutige Tag steht ganz im Zeichen Ihres Partners.
Kümmern Sie sich um Ihre Beziehung oder sprechen Sie „ihn" endlich an!

Nr. 2 Hauptperson (Frau)
<u>Wenn Sie eine Frau sind:</u>
Heute stehen Sie im Vordergrund.
Unternehmen Sie etwas, das Ihnen schon lange vorschwebt, oder erfüllen Sie sich einen lang gehegten Wunsch.
<u>Wenn Sie ein Mann sind:</u>
Der heutige Tag steht ganz im Zeichen Ihrer Partnerin.
Kümmern Sie sich um Ihre Beziehung oder sprechen Sie „Sie" endlich an!

Nr. 3 Ehestandskarte
Heute müssen Bindungen oder Verträge überprüft werden. Eventuell muss auch etwas erneuert oder gefestigt werden.

Nr. 4 Zusammenkunft
Begeben Sie sich unter die Leute!
Knüpfen Sie Kontakte, führen Sie Gespräche und lassen Sie sich von den Menschen aus Ihrer Umgebung inspirieren.

Nr. 5 Guter Herr
Pflegen Sie alte Freundschaften und kümmern Sie sich um ihren Bekanntenkreis.

Nr. 6 Gute Dame
Pflegen Sie alte Freundschaften und kümmern Sie sich um ihren Bekanntenkreis.

Nr. 7 Angenehmer Brief
Erwarten Sie einen Brief oder einen Anruf? Heute erhalten Sie endlich die ersehnte Neuigkeit, möglicherweise aber auch eine ganz spontane Meldung von einer in Vergessenheit geratenen Person aus Ihrem Leben.

Nr. 8 Falsche Person
Seien Sie heute nicht zu vertrauensselig. Es gibt jemanden, der neidisch oder eifersüchtig auf Sie ist!

Nr. 9 Eine Veränderung
Sie erhalten endlich die heiß ersehnte Anerkennung für Ihre Leistung!

Nr. 10 Eine Reise
Gibt es etwas in Ihrem Leben, das Sie schon lange vor sich her schieben? Heute kommt die Sache endlich ins Rollen! Gehen Sie mit gutem Beispiel voran und packen Sie es an!

Nr. 11 Viel Geld gewinnen
Eine Angelegenheit wird gut ausgehen!

Nr. 12 Reiches Mädchen
Haben Sie eine jüngere Bekannte oder eine Tochter, Nichte, Enkelin…?
Kümmern Sie sich heute ganz besonders um sie! Sie wird Sie und Ihre Hilfe brauchen!

Nr. 13 Reicher guter Herr
Haben Sie einen jüngeren Bekannten oder einen Sohn, Neffen, Enkel…?
Kümmern Sie sich heute ganz besonders um ihn! Er wird Sie und Ihre Hilfe brauchen!

Nr. 14 Traurige Nachricht
Diese Karte ist mit Kummer, Sehnsucht, oder Trauer verbunden.
Es ist an der Zeit, sich von seinen Sorgen zu lösen!

Nr. 15 Guter Ausgang in der Liebe
Begegnen Sie Ihre Mitmenschen mit Herzlichkeit und Liebe.
Freuen Sie sich auf einen angenehmen Tag!

Nr. 16 Seine Gedanken
Unklarheiten und undurchsichtige
Entwicklungen belasten Ihre Gedanken. Ein
klärendes Gespräch kann hier Wunder wirken.

Nr. 17 Geschenk bekommen
Freuen Sie sich auf eine freudige
Überraschung!

Nr. 18 Ein kleines Kind
Etwas Neues ist in der Entstehung.
Lassen Sie das Alte, Ausgediente ruhen und
nehmen Sie den Neuanfang an.
Unter Umständen betrifft dieser Wechsel auch
Sie selbst: Hören Sie auf, sich wie ein Kind zu
verhalten und nehmen Sie Ihre Leben selbst
in die Hand!

Nr. 19 Ein Todesfall
Eine Sache oder Sachlage in Ihrer Umgebung
neigt sich dem Ende zu.
Schließen Sie mit belastenden Gefühlen und
Kummer über Vergangenes endlich ab!

Nr. 20 Haus
Machen Sie sich nicht zu viele Sorgen.
Sie befinden sich auf der sicheren Seite.
Vertrauen Sie auf Ihre Familie, Ihre Freunde
und Ihre Kraft.

Nr. 21 Wohnzimmer
Heute steht das Familienleben im Vordergrund. Rufen Sie doch mal wieder einen Verwandten an, er oder sie wird sich freuen, und auch Ihnen wird der Kontakt gut tun!

Nr. 22 Militärperson
Hören Sie auf, Unangenehmes weiter vor sich her zu schieben und packen Sie die Sache endlich an! Sie werden sehen, der erste Schritt ist der schwerste, aber auch der wichtigste! Danach wird alles viel leichter werden!

Nr. 23 Gericht
Gehen Sie hinaus ins Leben und lassen Sie sich den Wind um die Nase wehen! Vergraben Sie sich nicht länger alleine zuhause!

Nr. 24 Diebstahl
Vorsicht! Lassen Sie sich nicht übervorteilen; weder im geschäftlichen noch im privaten Bereich.
Vertreten Sie Ihren Standpunkt sachlich aber bestimmt, dann wird man Sie viel eher respektieren!

Nr. 25 Zu hohen Ehren kommen
Anerkennung und Erfolg sind Ihnen heute sicher.
Sie haben sich bemüht und werden belohnt.

Nr. 26 Grosses Glück
Das große Glück steht vor Ihrer Tür. Öffnen Sie! Heute stehen Ihre Aktionen unter einem guten Stern.

Nr. 27 Unverhofftes Geld
Sie haben die Hoffnung noch nicht aufgegeben? Gut so! Denn heute wird sich Ihre finanzielle Situation verbessern. Egal, ob im großen oder im kleinen Rahmen, nehmen Sie die glückliche Wendung an und kämpfen Sie mit frischem Mut weiter.

Nr. 28 Erwartung
Sie haben große Pläne? Überstürzen Sie nichts, denn im Augenblick ist vieles noch nicht wirklich spruchreif. Warten Sie lieber erst ab, ehe Sie sich zu sehr in Aktivitäten stürzen!

Nr. 29 Gefängnis
Fühlen Sie sich eingeengt oder zu etwas gedrängt, dass Sie in dieser Form eigentlich gar nicht tun oder haben möchten?
Bitten Sie um Bedenkzeit und gehen Sie Ihren Gefühlen auf den Grund. Lassen Sie sich zu nichts drängen!

Nr. 30 Gerichtsperson
Langsam scheinen Ihnen die Dinge über den Kopf zu wachsen. Setzen Sie sich in Ruhe mit der Sachlage auseinander und suchen Sie nach einer angemessenen und fairen Lösung. Treffen Sie eine Entscheidung, ehe es zu spät ist.

Nr. 31 Kurze Krankheit

Lassen Sie sich keine Steine in den Weg legen. Gehen Sie Ihren Weg weiter, selbst, wenn er Ihnen zuweilen ungangbar und steinig erscheint.

Es gibt kein Hindernis, das sich mit Ruhe und Bedacht nicht beseitigen ließe!

Nr. 32 Kummer und Widerwärtigkeiten

Lassen Sie sich von Ärgernissen und Verdruss nicht entmutigen.

Selbst ein Streit kann manchmal dabei helfen, die Fronten zu klären und die Sorgen des anderen besser zu verstehen.

Nehmen Sie sich die Zeit, die Lage zu überdenken, aber lassen Sie sich nicht entmutigen oder gar unnötig belasten.

Nr. 33 Trübe Gedanken

Hängen Sie noch sehr an Menschen oder Erinnerungen aus Ihrer Vergangenheit?

Wehmut und Trauer scheinen zu viel Platz in Ihrem Leben einzunehmen. Geben Sie diesen Gefühlen weniger Raum und blicken Sie erwartungsfroh in die Zukunft.

Nr. 34 Arbeit, Beschäftigung

Heute wird die Arbeit Ihr Leben bestimmen. Strengen Sie sich an, doch überarbeiten Sie sich nicht.

Nr. 35 Ein langer Weg
Was auch immer Sie gerade planen, es wird nicht leicht werden und noch einige Zeit in Anspruch nehmen.
Lassen Sie sich jedoch nicht entmutigen; auch der längste Weg führt irgendwann ans Ziel.

Nr. 36 Hoffnung, Grosses Wasser
Sofern Sie nicht gerade eine Reise planen oder Besuch empfangen, mahnt diese Karte zur Besonnenheit.
Gehen Sie in sich. Schließen Sie die Augen und meditieren Sie.
Spüren Sie Ihre innere Kraft und kommen Sie zur Ruhe.

Ein Tipp für Fortgeschrittene

Falls Sie bereits über Erfahrung mit dem Kartenlegesystem von Britta nach Art der Madame Lenormand verfügen, so können Sie einmal versuchen, Ihre Kipper-Wahrsagekarten auch nach Brittas Methode auszulegen und zu deuten.

Zum Erlernen und Üben dieser Kartenlegemethode möchte ich Ihnen die Bücher „Kartenlegen leicht erlernbar nach Art der Madame Lenormand" (Britta Kienle führt Sie Schritt für Schritt in die Kunst des Kartenlegens ein) empfehlen.

Sie werden sehen, es macht nicht nur Spaß, sondern gibt Ihnen auch eine Vielzahl neuer Einsichten und Anregungen für die Arbeit mit Ihren Karten.
Seien Sie ruhig experimerntierfreudig und probieren Sie immer wieder neue Deutungssysteme aus.

> ➢ Zur Erinnerung möchte ich Ihnen noch
>   einmal die Hauptdeutungslinien in kurzer
>   und einfacher Form präsentieren.

Sollten Sie lange nicht mit Ihren Lenormand-Karten gelegt haben, oder sollte Ihnen auf diesem Gebiet vielleicht sogar ganz die Erfahrung fehlen, so werden Sie möglicherweise eine Weile brauchen, um sich (wieder) zurechtzufinden. Lassen Sie sich davon jedoch nicht ins Bockshorn jagen.
Sie werden sehen: Die Mühe lohnt sich in jedem Fall.

Wenn Sie diesen Band fleißig durchgearbeitet haben, verfügen Sie mittlerweile auch über ausreichend Erfahrung im Umgang mit Ihren Kipperkarten.

Diagonale, senkrechte und waagrechte Deutungslinien der Vergangenheit und der Zukunft (nach Art der Madame Lenormand)

	Ver-gangen-heit		Ver-gangen-heit		Ver-gangen-heit		
		Ver-gangen-heit	Ver-gangen-heit	Ver-gangen-heit			
Ver-gangen-heit	Ver-gangen-heit	Ver-gangen-heit	Person oder Thema	Zu-kunft	Zu-kunft	Zu-kunft	Zu-kunft
		Zu-kunft	Zu-kunft	Zu-kunft			
		Zu-kunft		Zu-kunft			

Das große Tableau nach Art der Madame Lenormand
- die wichtigsten Punkte im Überblick:

1) Beim Kartenlegen nach Art der Madame Lenormand lesen wir die Karten der Reihe nach immer innerhalb der Karten-achsen, die von der gewählten Themankarte ausgehen; der so genannten Deutungslinien.

Die Haupdeutungslinien in einem Tableau sind:

> Die waagrechten Deutungslinien
> Die senkrechten Deutungslinien

und schließlich als zusätzliche Möglichkeiten:

> Die diagonalen Deutungslinien.

Kümmern Sie sich aber in jedem Fall zunächst um die waagrechten und senkrechten Deutungslinien.
Diagonalen stellen lediglich eine Möglichkeit dar, das bisher Gedeutete weiter zu vertiefen.

2) Wie bereits bei den vorherigen Übungen, so ist auch bei diesem System die Ausgangskarte für die Deutung stets die Personenkarte, oder die jeweilge Themenkarte, über die Sie mehr erfahren möchten.

3) Lesen Sie die Karten nun der Reihe nach innerhalb der in der Abbildung gezeigten Deutungslinien.
Verlassen Sie diese Linien niemals und überspringen Sie auch nicht sinnlos die eine oder andere Karte.
→ Gehen Sie stets nach demselben System vor!

4) Lassen Sie sich Zeit beim Interpretieren der Deutungslinien.
Lassen Sie die Karten im Zusammenhang auf sich wirken und Ihre Intuition walten.

5) Ausgehend von der Personen- oder Themenkarte führt die waagrechte Deutungslinie nach rechts in die Zukunft und nach links in die Vergangenheit.

6) Ausgehend von der Personen- oder Themenkarte führt die senkrechte Deutungslinie nach unten in die Zukunft und nach oben in die Vergangenheit.

7) Überprüfen Sie immer wieder, ob Sie auch nichts übersehen haben. Aus einer vorschnellen und ungenauen Interpretation der einzelnen Deutungslinien könnten sonst leicht fehlerhafte Schlüsse gezogen werden.

8) Eine ausführliche Anleitung dieser Methode mit vielen Übungen und zahlreichen Varianten finden Sie in Brittas bekannten Lehrbüchern nach Art der Madame Lenormand.

Viel Spaß beim Deuten!

Schlusswort

Mit Hilfe der Übungen und Legetechniken, die Ihnen im vorliegenden Band meines großen Kursprogramms zum Thema Wahrsagen mit Karten vorgestellt wurden, haben Sie einen ersten Einblick in die faszinierende Welt der Kipper-Wahrsagekarten erhalten.

Ich hoffe, das Erlernen der Karten und Ihrer Bedeutungen hat Ihnen Freude bereitet und Sie haben sich mit Eifer und Spaß und die weiteren Kapitel dieses Buches gewagt.

Anhand der darauf folgenden Übungen haben Sie die Grundtechniken des Kartenlegens nach dem Kipperkartensystem grundlegend erlernt, geübt und im Heimstudium durch Ihre eigenen Übungen weiter vertieft und verinnerlicht.

Wenn Sie sich auch weiterhin Zeit für Ihre Karten nehmen und fleißig mit ihnen üben, können Sie es nach dieser einfachen Methode bis hin zum professionellen Kartenlegen bringen

Vergessen Sie hierbei nicht, dass es sich bei diesen täglichen Übungen keineswegs um „Hausaufgaben" handeln sollte, wie Sie sie noch von der Schule her kennen.

Bei unserer Art des täglichen Übens sollte es Ihnen vielmehr darum gehen, sich jeden Tag ein paar Minuten der Ruhe für sich selbst abzuzweigen und in dieser Zeit mit Ihrem Unter-bewusstsein und Ihren Gefühlen in Kontakt zu treten.

Dabei kann und wird Ihnen die Arbeit mit Ihren Wahrsagekarten eine große Hilfe sein.

Wer sich immer wieder auf sich selbst und sein Inneres besinnt, entwickelt im Laufe der Zeit auch die Intuition, die er für das Interpretieren und Deuten der Kartenbilder benötigt.

Gönnen Sie sich also diese kleine tägliche Auszeit und setzen Sie sich auf keinen Fall unter Druck, innerhalb eines bestimmten Zeitraumes eine gewisse Professionalität an den Tag legen zu müssen.

Sobald Sie innerlich bereit dazu sind, wird Ihnen das Deuten wie von selbst von der Hand gehen.

Dieser Zeitpunkt lässt sich jedoch auf keinen Fall künstlich beschleunigen.

Werfen Sie einfach Ihre Erwartungen über Bord und öffnen Sie sich für das, was da kommen mag.

Sie werden sehen, auch wenn Sie bereits zu den fortgeschrittenen Kartenlegern oder Kartenlegerinnen gehören, werden Sie täglich neue Fortschritte machen und immer wieder neue Varianten und Deutungsmöglichkeiten entdecken.

Weiterhin viel Spaß und Freude beim Üben wünscht Ihnen

Ihre Britta

Kipperkarten leicht erlernbar
Interpretationshilfe

Wer mit dem Kartenlegen beginnt, hat zunächst eine große Hürde zu überwinden: Er kennt die Karten mit all ihren Feinheiten bei der Auslegung noch nicht auswendig und hat dadurch von Zeit zu Zeit Schwierigkeiten bei der Interpretation einzelner Kartenpaare.

Aus diesem Problem heraus ist diese Interpretationshilfe entstanden. Sie bietet Ihnen Interpretationen und Erklärungen zu jeder einzelnen Karte an sich und in Verbindung mit allen weiteren im Set vorkommenden Karten.

> Kartenbedeutungen mit allen ihren Feinheiten
> Hilfe bei der Interpretation einzelner Kartenpaare
> Interpretationen und Erklärungen zu jeder einzelnen
  Karte und in Verbindung mit allen weiteren Karten
> Sollten Sie allein zu keinem Ergebnis gelangen,
  nehmen Sie dieses Buch zur Hand und schlagen
  bei der entsprechenden Karte nach

Der große Selbstlernkurs
nach Art der Madame Lenormand

Die vorliegende Neuausgabe in einem Band enthält Übungen und Illustrationen der Lehrbücher I-IV, ist jedoch aktualisiert und um ein Vielfaches erweitert worden.

Auf diese Weise erarbeiten wir uns gemeinsam Schritt für Schritt eine solide Basis, die Ihnen auf Ihrem Weg zum professionellen Kartenlegen eine große Hilfe sein wird.

Auf jede Übung folgt meine eigene Interpretation. Beispiele geben Ihnen nun die Chance, Ihr Können innerhalb eines größeren Sachzusammenhanges anzuwenden und Ihr neu erworbenen Fähigkeiten zu vertiefen

Abbildungen: **Brittas Wahrsagekarten** nach Art der Madame Lenormand und die Karten der **Blauen Eule**

Kartenlegen leicht erlernbar

nach Madame Lenormand

Die vorliegende **Neuausgabe** Auflage 2 des **Kompaktkurses** enthält alle Übungen und Illustrationen des vorangehenden Kompaktkurses, ist jedoch aktualisiert und um ein **Vielfaches** erweitert worden. (Ausschnitte aus den Lehrbüchern I - IV), Der **neue Kompaktkurs**, der Sie mit allen notwendigen Informationen und dem Basiswissen versorgt, das Sie für das Kartenlegen benötigen, jedoch vorwiegend für den „Hausgebrauch", also das schnelle Kartenlegen für sich selbst und die eigene Familie, sowie Freunde und Bekannte geeignet ist.
Abbildungen: **Brittas Wahrsagekarten** nach Art der Madame Lenormand und die Karten der **Blauen Eule.**

Inhalt

* Die Bedeutung der 36 Karten, nach Madame lenormand
* Karten verstehen, deuten lernen und miteinander verbinden
* Mischen und Auslegen, Fragen in klarer Form stellen
* Deuten einer ganzen Kartenlinie von der 1. bis zur 8. Karte
* Der Momentan-Zustand und die nahe Zukunft
* Vertiefen des Momentan-Zustandes, Themen Liebe, Umzug
* Gesundheit, Umzug, Scheidung
* Deutungslinien der Vergangenheit und der Zukunft,
* Übungsblatt Fische: Finanzen, Diagonale, senkrechte und waagrechte , Deutungslinien im Zusammenhang
* Abdecken des großen Tableaus, Herausnehmen jeder 5. Karte
* Was sind Kombinationen? Wie erkennt man sie im Tableau?
* Zahlreichen Übungen und Lösungsvorschläge, Ratschläge
* und Tipps, am Schluss Testaufgaben wieder mit Lösungen.

Zigeuner-Wahrsagekarten leicht erlernbar

Kompaktkurs
in vier Schritten zum erfolgreichen Kartenlegen

Die Autorin und Kartenlegerin Britta Kienle widmet sich in diesem Band den beliebten Zigeunerkarten, die vielen Interessierten als einfacher Und schnell zu erlernender Einstieg in die Welt der Wahrsagekarten dienen können.

- Die 36 Zigeunerkarten und ihre Bedeutungen
- Das Ziehen einer Tageskarte
- Das schnelle Erkennen von Verbindungen, erste Kartenbilder
- verschiedene Legesysteme,
- Das kleine Kreuz und seine Erweiterung
- Zusätzliches Abdecken ausgewählter Karten
- Kombinationen und weitere Besonderheiten, Zukunfts- und
- Zeitkarten, Jahreszeiten, alle Personenkarten im Überblick
- Zahlreiche Tipps und bildliche Darstellungen, Übungen und Lösungsvorschläge

Tarot leicht erlernbar

Kompaktkurs
einfach und schnell mit den großen Arkanen

Dieses einmalige, unvergleichliche Lehrsystem bietet einen leicht nachvollziehbaren und klaren Einstieg in die Welt des Tarot.
Die Karten werden Schritt für Schritt verständlich gemacht, wobei sich diese Technik zunächst ausschließlich der großen Arkanen bedient. Selbst Partnerschaften und Beziehungen von Menschen untereinander lassen sich mit diesen Karten bereits genauer analysieren.
Zahlreiche Beispiele und Übungen mit Lösungsvorschlägen und Interpretationshilfen bringen Licht in das Dunkel, das Hobbykartenlegern den Umgang mit den Tarotkarten so lange unnötig erschwert hat. Ferner bietet Ihnen dieses Buch ein kleines Lexikon der wichtigsten Tarotbegriffe, einen Überblick über die Bedeutung der Tarotkarten als Tageskarten, sowie einen kleinen Einstieg in die Numerologie für das Tarot.
Zusätzlich: Kurzbedeutungen im Hinblick auf: Liebe, Finanzen, Beruf und allgemeine Charaktereigenschaften.

Das große Übungsbuch
nach Art der Madame Lenormand

Die Übungen im vorliegenden Band eignen sich sowohl für die Arbeit mit dem großen Selbstlernkurs, dem Kompaktkurs, als auch mit den Lehrbüchern 1-7. Zum Fernkurs oder zu meinen Seminaren können sie ebenfalls begleitend eingesetzt werden.

Wer sich intensiv mit dem Kartenlegen befasst, möchte irgendwann auch einen Punkt erreichen, an dem es ihm möglich ist, selbständig und ohne größere Schwierigkeiten eine sinnvolle Aussage über eine Situation und deren mögliche Ausgänge machen zu können.

Wie in den meisten Fällen kann auch beim Kartenlegen nicht genug darauf hingewiesen werden, wie wichtig stetes Üben für das Erreichen dieser Sicherheit ist.

Zahlreiche Übungen werden Ihnen helfen, ein besseres Gespür für Ihre Karten zu bekommen und nach und nach ein Gefühl für die richtige, nämlich die der jeweiligen Situation angepasste, Bedeutung einer Karte, einer Kartenreihe, oder letzten Endes eines ganzen Tableaus zu bekommen.

Brittas Wahrsagekarten mit Begleitbuch

Jede Karte wird ausführlich erklärt und gedeutet, anhand des exklusiv für Britta gestalteten außergewöhnlichen Kartendecks

> ➢ Viele zusätzliche Anregungen und Denkanstöße.
> ➢ Zuordnungen zu Sternzeichen, Edelsteinen, Farben, Chakren, Berufen und Eigenschaften

Zeitkarten sind mit einer Uhr gekennzeichnet,
Zukunftskarten mit einem Auge.

Sie möchten unseren kostenlosen Newsletter regelmäßig
per E-Mail zugesandt bekommen?
Registrieren Sie sich einfach und unverbindlich unter:
www.kartenlegekurse.de

Kipperkarten Fernkurs
Mit 7 Lektionen zum erfolgreichen Kartenlegen

Nach Brittas bewährtem System führt dieser Fernkurs Sie in die Welt der Kipperkarten ein und ermöglicht es Ihnen, schon nach kurzer Zeit, erstaunliche Ergebnisse zu erzielen.

Sie erlernen z. B. eine einfache und doch effektive Methode, die Gegenwart zu analysieren und in die Zukunft zu blicken.

Die zahlreichen bildlichen Darstellungen, die diesen Fernkurs auszeichnen, sollen Ihnen das Nachvollziehen der Aussagen im Zusammenhang mit Ihren Karten besonders leicht nachvollziehbar und verständlich machen.

In jeder Lektion finden Sie zahlreiche Übungen mit Lösungsvorschlägen, mit deren Hilfe Sie Ihr bisher erworbenes Wissen leicht selbst überprüfen können.

Fünf Lektionen enthalten zusätzliche Testaufgaben. Haben Sie diese durchgearbeitet, senden Sie sie der Autorin zu.
Britta wird Ihnen ihre Aufgaben korrigiert mit der nächsten Lektion zurücksenden.

Die 7. Lektion enthält die Prüfungsaufgaben, die zum Erhalt eines Zertifikates führen. Diese Prüfung ist schriftlich abzulegen.